D1088172

Peter Olpe

Zeichnen und Entwerfen
Drawing as Design Process

Peter Olpe

Zeichnen und Entwerfen

Drawing as Design Process

Kurse, Themen und Projekte an der Schule für Gestaltung Basel

Courses, Themes and Projects at the Basel School of Design

Mit Beiträgen aus den Kursen von:

With works from their courses contributed by:

Angelika von Arx
Peter von Arx
Mario Bollin
Marianne Diethelm
Manfred Maier
Peter Olpe
Paolo Pola
Michael Renner
Peter Stettler
Wolfgang Weingart
Moritz Zwimpfer

Herausgegeben von / Published by:

Schule für Gestaltung Basel
Verlag Niggli AG

Lektorat / Editor: Ernst Bommer
Übersetzung / Translation: Jori Lynn Walker
Satz, Lithografie und Druck / Typeset, Lithos and Printing:
Heer Druck AG, Sulgen, Schweiz
Bindearbeit / Binding:
Buchbinderei Burkhardt AG, Mönchaltorf-Zürich

2., überarbeitete Auflage 2006

ISBN 10: 3-7212-0319-4
ISBN 13: 978-3-7212-0319-6

Inhalt

Index

Vorwort zur zweiten Auflage

Beinahe zehn Jahre ist es her, dass dieses Buch zum ersten Mal erschienen ist. Es war eine Bilanz des zeichnerischen Unterrichts an der Schule für Gestaltung Basel.
Vieles ist unterdessen anders geworden. Die Schule für Gestaltung hat heute eine andere Struktur und Aufgabe als damals, einige Lehrerinnen und Lehrer, die mit Arbeiten aus ihrem Unterricht in der Sammlung vertreten sind, wurden pensioniert, Ausbildungsgänge existieren nicht mehr und Unterrichtsinhalte haben sich verändert. So wie das Buch nun in der zweiten Auflage erscheint, ist es, bis auf kleine Korrekturen im Textteil, aber unverändert. Im Sinne der Schulgeschichte ist es ein historisches Dokument. Es zeigt einen Bereich der Ausbildung zu dem Zeitpunkt kurz bevor die Schule für Gestaltung in zwei verschiedene Schulen aufgeteilt wurde; eine Berufsschule und eine Fachhochschule.
An der Aktualität und Faszination des Zeichnens hat sich aber nichts geändert.

Peter Olpe

Foreword to the second edition

It has now been nearly ten years since this book was first published. It was conceived as a review of the graphic arts program at the Schule für Gestaltung Basel (Basel School of Design).
Much has changed in the meantime. The structure and objectives of the Schule für Gestaltung are different today. Several of the instructors who were represented in the collection by works from their classes have since retired. Certain training programmes have been discontinued, and course contents have changed as well. Yet with the exception of minor corrections in the text section, this second edition of the book is quite the same as the first. It is a historical record reflecting an important part of the school's history. It presents a field of education at a point in time before the Schule für Gestaltung was divided into two separate schools – a vocational school and a college of applied arts.
Yet, drawing has lost nothing of its currency and fascination over the years.

Peter Olpe

Kreative Berufe haben für viele Menschen eine grosse Anziehungskraft. Immer neue Schulen für Kunst und Design werden eröffnet, die versprechen, was wir uns wünschen: die Förderung der Ausdruckskraft und der Talente und neuerdings auch den Umgang mit dem Computer. Leider sind die meisten dieser Schulen zur Hauptsache bestrebt, die Ansprüche des Marktes zu erfüllen: schnelles Arbeiten, eine effiziente Benutzung des Computers, die Beherrschung der zeitgemässen visuellen Modesprachen und die Ideen verkaufen zu können. Dabei verliert das Zeichnen immer mehr an Gewicht. Das vorliegende Buch betont seine Bedeutung in der Ausbildung und in der täglichen Arbeit eines jeden Praktikers, der sich mit visueller Gestaltung beschäftigt. Es stellt uns das Zeichnen als erlernbare Fähigkeit dar. Und die Auseinandersetzung damit wirkt sich auch auf andere Disziplinen der gestalterischen Arbeit aus.

An den meisten Gestalterschulen nimmt das Studium des Zeichnens nur eine untergeordnete, von den übrigen Fächern isolierte Stellung ein. Meistens geht es nicht um das Zeichnen selbst, sondern um

The creative professions hold a great appeal for many people. New schools of art and design continue to open their doors with promises of developing expressiveness, talent and, most recently, interaction with the computer. Unfortunately, most of these schools are primarily concerned with meeting the demands of the profession, which requires fast work, efficient use of the computer, mastery of the current fashionable visual language and the ability to sell ideas. In the midst of these demands, the act of drawing loses much of its significance. The present book stresses the importance of drawing in the training and day-to-day activities of those involved with visual design. The process of drawing is presented here as a learnable skill and engagement with this process as having an effect on other disciplines in the design field.

Most design schools assign a subordinate position to the study of drawing and isolate it from the rest of the classes. And for the most part, drawing lessons are not about drawing *per se* but about improving and embellishing one's ability to represent reality. Lessons are based on stringent rules that often lead to disappointment when drawings do not succeed in being "beautiful" and "correct".

die Verbesserung und Verschönerung von Darstellungen. Dieser Zeichenunterricht basiert auf strengen Regeln und führt oft zu Enttäuschungen, wenn es nicht gelingt, «schön» und «richtig» zu zeichnen.

An der Schule für Gestaltung Basel hingegen ist das Fach Zeichnen in der Ausbildung zum Grafik Designer ein fundamentaler Bestandteil. Hier gilt das Zeichnen als ein Prozess. Entdeckungen, Fehler und Erfolgserlebnisse sind gleichermassen Teile der zeichnerischen Auseinandersetzung. Es geht darum, ausgehend von der Beobachtung in langen Arbeitsprozessen, bei denen die persönliche Erfahrung erweitert wird, Gesetze zu entdecken. Es gilt eine visuelle Sprache zu erlernen und eine Wahrheit in den einfachsten Motiven zu finden.

Der immer alltäglichere Einsatz des Computers an Gestalterschulen macht dieses Buch besonders notwendig. Das Erlernen von Computerprogrammen, vollständig getrennt von den gestalterischen Prozessen, führt zu einer wachsenden Bequemlichkeit unter den Designern. Schnell werden Resultate erreicht, und es entsteht eine globale Sprache, die sich fortwährend abnutzt. Eines der Anliegen der Schule für Gestaltung Basel ist es, die Vorteile der Computertechnik mit der gestalterischen Ausbildung zu verbinden. Es wird als wichtig erachtet, den Kenntnisstand über diese Technik zu fördern, um den Computer als nützliches Werkzeug gebrauchen zu können. Das Hauptgewicht liegt aber immer noch auf der Auseinandersetzung mit den Problemen der Form und des Inhalts, sowohl beim Zeichnen als auch in den anderen Disziplinen.

Ich wagte mich ans Abenteuer Zeichnen, nachdem ich feststellte, dass ich dafür die gleichen Fähigkeiten brauchte wie für grafische Arbeiten, nämlich: Beobachtung, Klarheit beim Vorgehen, Organisation und Transparenz beim Gebrauch der Technik. Zuerst fühlte ich mich vom Zeichnen etwas eingeschüchtert – und auch von denjenigen, die zeichnen «konnten» –, bis ich lernte, mich weniger auf Methoden abzustützen, als vielmehr meiner eigenen Intuition zu vertrauen und das Produkt meiner Hände und Augen als meinen eigenen Weg zu betrachten. Diese Erfahrungen halfen mir, dem Zeichnen näherzukommen. Zuerst war Zeichnen ein Unterrichtsfach, aber allmählich wurde es für mich zu einer Tätigkeit, welche mir erlaubte, tiefer und kreativer wahrzunehmen, was mich umgibt.

Das, was ich beim Zeichnen gelernt habe, hat auch meine Tätigkeit als Grafik Designerin, mein Gespür für Form, Proportion und Komposition enorm bereichert. Die Fähigkeit, eine Idee mittels Skizzen zu formulieren, Bilder auf klare Art und Weise und ohne Hilfsmittel zu kreieren und zu verändern, auch im Bereich der Typografie Entscheide zu treffen sowie die beste und ökonomischste Reproduktionstechnik auszuwählen, sind Beispiele, die mir die Bedeutung des Zeichnens täglich vor Augen führen.

Und Zeichnen macht Spass, und ich geniesse es.

Patricia Cué, Grafik Designerin, Mexiko-Stadt

At the Basel School of Design, the subject of drawing is a basic component of graphic design training, and drawing itself is regarded as a process. Discoveries, mistakes and successes are all equal parts within the graphic dialogue. It is about observing the longer working process over time and discovering one's own laws based on individual experience. What matters is learning a visual language and finding a truth in the simplest of motifs.

Daily use of the computer at design schools is growing, a fact which makes this book all the more necessary. Learning to work with software programs separately from the design process is leading to an increasing sense of convenience among designers. Results are achieved quickly, and a global language is developing that becomes irresolute on a regular basis. One concern of the Basel School is that the advantages of computer technology be combined with a training in design, advancing the technology's standard of knowledge so that the computer can become a truly useful tool. The main emphasis, though, continues to be the confrontation with problems of form and content, through drawing as well as other disciplines.

I ventured into "adventure" drawing after I had determined that the same skills and abilities were necessary in this field as were required for graphic work, namely, clarity of action, organization, and transparency in the application of technique. At first, I was somewhat intimidated by drawing – and by those who "could draw" – until I learned not to prop myself up with methods, but rather to trust my own intuition and to view the product of my hands and eyes as the result of my own individual way. It was these experiences that brought me closer to drawing. In the beginning, drawing was the subject of a class, but it gradually developed for me into an activity that allowed me to perceive the world around me more deeply and more creatively.

What I have learned through drawing has also enormously enriched my work as a graphic designer, my feeling for form, proportion and composition. The ability to formulate an idea by sketching, to create and change images clearly and without support, to make typographical decisions and choose the best and most economical reproduction techniques are daily reminders to me of the significance drawing holds.

And drawing is fun, and I enjoy it.

Patricia Cué, Graphic Designer, Mexico City

Gedanken über das Zeichnen

Von Dorothea Hofmann

A Drawer's Thoughts on Drawing

By Dorothea Hofmann

Dorothea Hofmann ist Zeichnerin und Künstlerin. Sie erhielt Lehraufträge an der Yale Universität, New Haven, USA, Yale Sommerprogramm, Brissago, Schweiz, an der New York Studio School of Drawing, Painting and Sculpture, USA, am Maine Summer Institut, Portland, USA, an der Schule für Gestaltung Basel, Schweiz usw. Sie ist in Luzern geboren und hat 1954 ein eidgenössisches Diplom als Grafikerin an der Schule für Gestaltung in Basel erworben. Sie ist mit Armin Hofmann verheiratet und hat zwei Söhne.
Ihre Zeichnungen sind seit 1967 in verschiedenen Galerien in der Schweiz und im Ausland ausgestellt worden. Ihre Werke befinden sich in öffentlichen und privaten Sammlungen.

Dorothea Hofmann is a draftswoman and artist. She held teaching posts at Yale University, New Haven, Connecticut; Yale Summer Program, Brissago, Switzerland; the New York Studio School of Drawing, Painting and Sculpture, New York; the Maine Summer Institute, Portland, Maine; the Basel School of Design, Switzerland, etc. Born in Lucerne, she received her diploma as a graphic designer at the Basel School of Design in 1954. She is married to Armin Hofmann and has two sons. Her drawings have been exhibited in various galleries in Switzerland and abroad since 1967, and can be found in both public and private collections.

Zeichnen macht sichtbar

Das Sichtbare einer Zeichnung ist nicht gleichzusetzen mit der Wirklichkeit. Die Frage ist, wie der Weg von der Wirklichkeit zur Zeichnung beschaffen sein müsste, um zu neuen, autonomen Formulierungen zu gelangen. Gegenstand, Landschaft und Figur sind Mittel, die Vielfalt der Interpretationsmöglichkeiten zu erproben.

Jeder Gegenstand hat seine eigene und einmalige Identität. Dieser nachzuspüren, Wesentliches darin zu erkennen und in einer Zeichnung sichtbar zu machen, erfordert ein Vorgehen, welches nicht von der äusseren Beschaffenheit ausgeht, sondern die innere Substanz des Gegenstandes reflektiert. Alphabetischen Bildzeichen vergleichbar, weisen Quadrat, Kreis, Zylinder und Dreieck einen Weg in Richtung dieser verborgenen Substanzen.

Die Verschmelzung von technisch-handwerklichem Können mit dem Wissen um die geometrischen Ordnungen in der Bildfläche bildet die Voraussetzung für die zeichnerische Realisierung eines Objektes. Nicht nur das materiell Gegenständliche steht im Vordergrund, sondern auch eine umfassende Bildgeometrie, die sich dem einzelnen Detail überordnet. Auch wenn auf Gegenständlichkeit als Bildthema verzichtet wird, bleibt die Bildgeometrie im Mittelpunkt der Auseinandersetzung.

Senkrechte und waagrechte, diagonale, runde und elliptische Linien verleihen der Komposition einerseits Halt und Stabilität, andererseits dynamische Bewegung. Die Linie hat richtungsweisende und verbindende Funktionen, die ihr – über ihren darstellerischen Charakter hinaus – Wert, Eigenständigkeit und künstlerische Ausdruckskraft verleihen. Sie tritt innerhalb der Bildfläche in mehrfacher Hinsicht in Erscheinung: sie ist Bestandteil des Bildinhalts wie auch der Komposition.

Drawing Makes Things Visible

What one sees in a drawing is not to be equated with reality. The question is how to make one's way from the reality to the drawing in order to arrive at new and autonomous formulations. Object, landscape and figure are vehicles used investigate out the multitude of interpretational possibilities that exist.

Every object has its own unique identity. Investigating this, recognizing its essence and making that essence visible in a drawing requires a process that does not begin with the external properties of the object, but rather reflects its inner substance. Like the letters of an alphabet, the square, circle, cylinder and triangle point in the direction of this concealed substance.

The fusion of technical ability and craftsmanship with an understanding of the geometrical ordering of a picture plane are preconditions for the graphic realization of an object. What is important is not the material representation of the object, but a geometry of the entire image which prevails over individual detail. Even when objective representation is abandoned as a theme, the geometry of the picture as a whole remains at the heart of the confrontation between the drawing and reality.

1. «Ei II», 1988, Kohle und Graphitpulver, 153 × 113 cm / "Egg II", charcoal and powdered graphite.
2. «Rechter Fuss», 1988, Kohle und Graphitpulver, 150,5 × 106 cm / "Right Foot", charcoal and powdered graphite.
3. «Kette», 1989, Kohle und Graphitpulver, 120 × 120 cm / "Chain", charcoal and powdered graphite.
4. «Stein», 1992, Kohle und Graphitpulver, 128 × 90,5 cm / "Stone", charcoal and powdered graphite.
5. «Kissen», 1996, Kohle, Kreide und Graphit, 150 × 150 cm / "Pillows", charcoal, chalk and graphite.

Cy Twombly sagt zum Thema Zeichnen: «Jede Linie ist also die tatsächliche Erfahrung mit der ihr angeborenen Geschichte. Sie illustriert nicht – sie ist die Empfindung ihrer eigenen Verwirklichung.» *

Die Linien aktivieren sich gegenseitig durch unterschiedlich gestraffte Dehnungen oder Überkreuzungen. Die dazwischenliegenden Flächen werden – ihrem Charakter entsprechend – Teil der Auseinandersetzung. Im reichen Wechsel von Linie und Fläche vermögen sich selbst grossflächige Volumen gegenüber feinen Linien zu behaupten. Sie beleben sich gegenseitig.

Kontraste entstehen nicht nur von Linien zu Flächen oder durch gegensätzliche Formen, sondern auch durch den Wechsel von Hell und Dunkel. Durch gezielte Lichtführung auf einen Gegenstand hebt sich dieser vom Hintergrund ab. Dies bedeutet jedoch nicht Isolierung, denn die Grauwerte harmonieren in verständlicher Weise untereinander. Flächen schaffen Trennungen, ohne dadurch die Verbindung untereinander zu verlieren. Durch abklingende Lichteinstrahlung entstehen Grauwerte, die stufenlos von hellen in dunkle Zonen übergehen. Die Interpretation von Licht und Schatten ist nicht an dogmatische Lehrsätze gebunden. Sie ist einer Logik unterworfen, die sich aus der Wirklichkeit ableitet und die persönliche Intuition, den Bildinhalt und die Komposition miteinbezieht.

Ob linear oder flächig, gegenständlich oder abstrakt, Zeichnungen sind reich an Formen, die – einem Echo vergleichbar – anderswo im Bildraum eine entsprechende Gegenform finden. Die aus der kompositionellen Eigenart heraus entstandenen Markierungen bilden die wichtigen Fixpunkte innerhalb der Bildfläche. Übereinstimmungen wechseln mit Kontrasten, Bewegungen und Gegenbewegungen entstehen ebenso wie rasterartige Wiederholungen. Die so miteinander korrespondierenden Elemente sind für den rhythmischen Charakter und die Bildgeometrie der Zeichnung ausschlaggebend.

* Heiner Bastian, Cy Twombly. Zeichnungen 1956–1973, Frankfurt/Berlin.

Vertical and horizontal, diagonal, round and elliptical lines lend the composition, on the one hand, backbone and stability, and on the other, dynamic movement. The line serves a directive and connective function, which give the line – beyond its graphic character – merit, independence and the power of artistic expression. The line appears on the picture surface in a multitude of connections: it is a component part of the subject matter, as well as of the composition.

Cy Twombly has said about drawing, "Each line now is the actual experience with its own innate history. It does not illustrate – it is the sensation of its own realization." *

Lines are mutually activated when they are extended or crossed in various degrees of tension. The planes that lie between them become, in accordance with their character, a part of the overall confrontation. Within the rich alteration of line and plane, it is possible for large volumes to assert themselves in the face of fine lines. The planes animate one another.

Contrasts arise not only between line and plane, or between opposing forms, but they also arise in the shift from light to dark. With calculated guidance of light, the object can lift itself off the background. This does not indicate isolation of the object, however, because the gray values harmonize in a clear and understandable way. Planes create distinctions without losing their connection to one another. Fading light produces gray values that pass gradually from the light into the dark zones. The interpretation of light and shade is not bound to any dogmatic theorem. It is subject to a logic derived from reality, and personal intuition, subject matter and composition all play a part.

Whether linear or flat, objective or abstract, drawings are rich with forms which, like an echo, find a corresponding counter-form somewhere in the pictorial space. The marks that grow from the uniqueness of the composition constitute important fixed points within the picture plane. Concurrence alternates with contrast; movement and counter-movement develop, as does grid-like repetition. The elements that correspond to each other in this way are decisive to the rhythmical character and the image geometry of the drawing.

* "Cy Twombly. Signs", in: Esperienza moderna, 1957, No. 2.

1

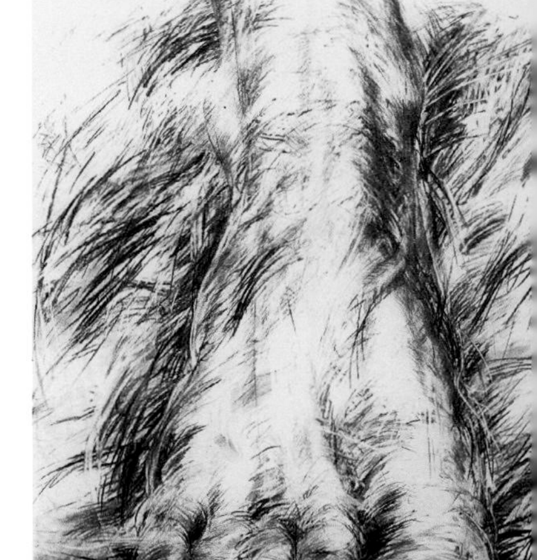

2

3

4

Die Wahl eines Bildausschnitts ist insofern schwierig, als jedes Motiv in ein grösseres Umfeld eingebaut und mit diesem auf natürliche Art und Weise verbunden ist. Die Gründe, die dazu führen, einen ganz bestimmten Teil aus dem Ganzen hervorzuheben, liegen in seiner Einmaligkeit, seiner spezifischen strukturellen Zusammensetzung und seiner rhythmischen Gliederung.

Das Entstehen einer Zeichnung verläuft meist nicht geradlinig, indem Stück für Stück, Linie um Linie aneinandergereiht werden. Oft werden die Entscheide wieder verworfen, Proportionen verändert, Helldunkelwerte neu angepasst. Gefragt ist ein ganzheitliches Vorgehen, in welchem das kritische Infragestellen der eigenen Arbeit konstruktiv in Erscheinung tritt. Veränderungen gehören als Selbstverständlichkeit zum Arbeitsablauf. Das Treffen von Entscheidungen ist ein Teil des Zeichnens.

Zeichnungen entstehen oft aus einer ganz spontanen Arbeitsweise heraus. In ihrer Direktheit haben sie eine grosse Ausdruckskraft. Sie sind wie flüchtige Niederschriften von Gedanken, bei denen jede nachträgliche Änderung als Störung empfunden würde.

Vorstellungskraft und gedankliche Arbeit sind Voraussetzungen für das zeichnerische Schaffen. Dieser Denkprozess verbindet sich mit dem Arbeitsablauf und verselbständigt sich immer dann, wenn sich neue Impulse und Visionen für den weiteren Verlauf der Zeichnung ergeben. Bild-Form und -Inhalt sind gleichermassen davon betroffen. Eine Aussage kann durch die entsprechende Dominanz der Form oder durch die Wahl des Bildformats bewusst verstärkt oder verändert werden. Diese Dominanz kann auch, unter anderen Voraussetzungen, die ursprünglich beabsichtigte Aussage ins Gegenteil umwandeln.

Das reiche Vokabular eines fundierten Zeichenunterrichtes macht es erst möglich, mit dem Erlernten frei umzugehen. Von Bedeutung ist, dass oft gerade die elementarsten – nicht selten unterbewerteten – Erfahrungen zu den bleibendsten werden können. In ihrer überschaubaren Mitteilung weisen sie darauf hin, dass es sich hier um Wissen handelt, das allgemeinverbindlich auf andere Fachgebiete wie Fotografie, Sprache, Musik usw. übertragbar ist.

Solche Grundlagen, die ein verzweigtes Denken erst ermöglichen, behalten – unabhängig von Zeitströmungen – ihren bleibenden Wert und sind Zeugnis dafür, dass Zeichnen nichts an Aktualität verloren hat.

The singling out of a pictorial section is difficult, in that each motif is incorporated into a larger surrounding field and is naturally bound to it. The reasons for emphasizing a very definite part of the whole lie in its singularity, specific structural composition and rhythmical arrangement.

The development of a drawing does not proceed, for the most part, in a straight course, where piece after piece, line after line is set down from one end to the other. Decisions are often rejected, proportions changed, shading adjusted. A totality of process is sought wherein a constructive critical questioning of one's own work is carried out. It is understood there will be changes during the working process. Making decisions is part of the drawing.

Drawings often come about from a totally spontaneous method of working, and there is a great expressive force in their directness. They are like hurried notations of thoughts, and any subsequent change made to them would be perceived as a disruption.

Power of imagination and intellectual engagement are prerequisites for graphic work. This thought process connects with the working process and asserts itself each time new impulses and visions arise during the on-going drawing. The forms of the image and of the content are equally affected, and a message can be intentionally reinforced or altered by a corresponding dominance of form, or by the choice of pictorial format. This dominance can also, under other conditions, transform the originally intended message into its opposite.

Only with the rich vocabulary of a solid graphic training is it possible to move freely among all one has learned. It is significant that often the most elementary experiences – which are commonly undervalued – are exactly those that can be the most lasting. What they teach is easily grasped and shows us that this is generally valid knowledge which can be transferred to other professional areas, such as photography, language, music, etc.

Such basics – and thought can branch out and develop only when built upon basics such as these – retain their lasting value independent of periodic trends, and are testimony to the fact that drawing has lost none of its topicality.

5

Gedanken zu dieser Zeichnung:

Kraftvoll weist das Quadrat die Vielzahl von bewegten Linien in die Schranken. Innerhalb dieser Bewegung reihen sich gebogene, gestraffte, gerade und elliptische Linien in feinen Nuancen aneinander.
Sie alle drängen in vertikal-horizontaler Überkreuzung zur Randlinie, um dort durch Drehung auf der Rückseite ihren unsichtbaren Weg zu einer neuen Umrundung fortzusetzen. Hinter der vordergründigen Übereinstimmung von Inhalt und Form verbirgt sich ein tieferer Bildinhalt. Der Weg führt weg von der neutralen Alltäglichkeit des Gegenstandes in eine Zone der Zwiesprache mit dem Menschen. Gedankenfragmente im Zusammenhang mit Berührung und Behaglichkeit bis hin zu Krankheit und Tod liegen da. In Worten kaum zu erklären, in der Zeichnung symbolhaft geformt.

Alle Zeichnungen von Dorothea Hofmann.

Thoughts on this drawing:

The square powerfully contains a multitude of energetic lines. Within this movement, curved, taut, straight and elliptical lines follow one another in subtle distinction. They cross vertically and horizontally as they press towards the borders; there, they bend to the back and continue on unseen, only to curve around again. Behind the apparent agreement of form and content, a deeper content of image is concealed. The path leads away from the neutral everydayness of the object into a region of communication with humankind. Here lie thought fragments connected to contact and comfort, and beyond that to sickness and death. Hardly to be expressed in words, but formed symbolically in a drawing.

All drawings by Dorothea Hofmann.

Die Grundausbildung

Die meisten Schülerinnen und Schüler der Schule für Gestaltung Basel durchlaufen, bevor sie ihre Fachausbildung antreten, den gestalterischen Vorkurs. Aus den Kursen dieses Grundlagenjahres sind keine Arbeiten in dieser Sammlung vertreten, denn eine umfassende, immer noch weitgehend gültige Publikation* dazu liegt vor. Trotzdem muss auf die Inhalte und die Arbeitsweisen des Vorkurses eingegangen werden, denn sie bilden den Humus, auf dem vieles, das hier gezeigt wird, gewachsen ist. Ebenso spielt die Beschäftigung mit den Grundlagen über das Einstiegsjahr hinaus in den weiterführenden Klassen eine Rolle. Und sogar auf der Ebene der Weiterbildung ist es selbstverständlich, dass gewisse Inhalte des Vorkurses aufgegriffen und in neue Zusammenhänge gestellt werden. Möglich, dass es zu den Besonderheiten der Basler Schule gehört, mit jeder neuen Herausforderung (in den letzten Jahren war es der Einsatz des Computers im gestalterischen Unterricht) Fragen aufzuwerfen, die in ähnlicher Form auch im Vorkurs gestellt werden: Was gilt es zu untersuchen? Gibt es einen Kern freizulegen, der unter weniger bedeutenden Fragen verborgen ist? Wie ist die Aufgabe zu formulieren, damit entwerferisches Arbeiten innerhalb der definierten Konditionen überhaupt möglich ist?

Der heutige Vorkurs der Basler Schule ist im Sinne der aktuellen Gestaltungspädagogik wohltuend unmodern, denn er zergliedert die komplexe Materie in überschaubare Einheiten. Es werden einzelne Aspekte aus dem weiten Feld der visuellen Kommunikation herausgegriffen und getrennt voneinander beleuchtet. Ein Beispiel aus dem Bereich Farbe: Untersucht wird die Farbe als solche, das heisst, das beziehungsreiche und daher hochinteressante Verhältnis der Farben untereinander, und zwar ohne dass dabei darstellerische Probleme eine gewichtige Rolle spielen. Dies geschieht in der Form eines Jahresprogrammes einen halben Tag pro Woche. Besonders zu Beginn fällt es den Schülerinnen und Schülern oft schwer, die Disziplin für eine Lernform aufzubringen, die nicht, wie sie es von der Mittelschule oder dem Gymnasium her gewohnt sind, den Stoff in kleinen abrufbaren Lernschritten bereithält. Sich mit

The Basic Training

Most of the students at the Schule für Gestaltung (School of Design) in Basel pass through the Foundation Program in design before they begin their professional training. There are no works from this foundational year in this collection, as there is a comprehensive and still largely valid publication already available on this subject.* Nevertheless, the contents and working methods of the course must be taken into consideration here; they form the humus from which much that is shown here has grown, and engagement with these basics continues beyond the entry year and into the classes that follow. Even at the continuing course level, it is understood that certain elements from the Preliminary Course will be taken up and placed in new contexts. It is possibly part of the special character of the Basel School that with every new challenge (in the most recent years it has been the application of computers in the teaching of design), questions are raised that were asked in a similar way in the Foundation Program: What is worth investigating? Is there an essence to be revealed that is hidden beneath less significant issues? How can the task be formulated so that design work is possible at all within the defined conditions?

Today's Preliminary Course at the Basel School is, in the contemporary sense of design pedagogic, refreshingly unmodern, in that it breaks this complex material down into units that can be easily surveyed. Individual aspects of the broad field of visual communication are singled out and separately illuminated. One example from the area of color: color is examined in itself, namely, the evocative, and for this reason extremely interesting, relationships of colors to one another; or more precisely, color is investigated without the problem of representation playing an important role. Color study takes place one half day per week within a year-long program. It is often difficult for the students, especially at the beginning, to summon the discipline for a mode of learning that does not present the material to them in memorizable steps, such as they have become used to in their previous schooling. As the central experience of the preparatory course, students are engaged for long periods of time with something rather limited and not so apparently attractive. Through this, they discover something new that cannot be found in any textbook. Design work practiced in this way

etwas sehr Eingeschränktem, scheinbar wenig Attraktivem sehr lange zu beschäftigen und dadurch etwas Neues zu entdecken, das in keinem Lehrbuch steht, ist die zentrale Erfahrung, die der Vorkurs vermitteln möchte. Entwurfsarbeit, die in dieser Form eingeübt wird, zielt nicht vordergründig auf ein Resultat, sondern auf Erkenntnisse, die im Verlauf der Untersuchung gewonnen werden. Welches sind nun die Vorkursfächer, auf die das zeichnerische Entwerfen der weiterführenden Klassen direkt aufbaut?

Zuerst genannt werden muss das «Gegenstandszeichnen». Es ist das zeichnerische Fach mit dem grössten Gewicht im Stundenplan und dauert einen halben Tag, also fünf Lektionen. Es ist das traditionelle Zeichenfach des Vorkurses schlechthin, oft kritisiert aufgrund seiner schulmässigen Handwerklichkeit, aber unverzichtbar und interessanterweise gerade im Zusammenhang mit den Zeichenprogrammen des Computers wieder hochaktuell.

Das «Gegenstandszeichnen» untersucht die Raumgeometrie der Objekte und macht Zusammenhänge sichtbar, die wichtig sind, wenn man Dreidimensionales in der Fläche darstellen will. Gewählt wird dafür ein rigoroses, nur auf Linien basierendes Verfahren. Die Zeichnung zeigt den Gegenstand nicht so, wie er ist, sondern stellt nur einen Aspekt seiner Präsenz dar, nämlich seine Raumstruktur. Und dies geschieht in einem Verfahren, das mit der Transparenz operiert und die klare, eindeutige Zuordnung von «Vorne» und «Hinten» beinahe aufhebt. Beim «Gegenstandszeichnen» lernt man also, mit einem hohen Abstraktionsgrad umzugehen. Neben dem Wissen über die Regeln der Zentralperspektive und der manuellen Fertigkeit, die man gewinnt, lernt man, dass eine Zeichnung in erster Linie eine neue, ganz eigene Wirklichkeit darstellt, die eigenen Gesetzen folgt und erst in zweiter Linie eine Abbildung der Wirklichkeit ist.

Im gleichen Fach werden auch Architekturstudien betrieben, damit man mit den sehr verschiedenartigen Bedingungen von klein- und grossräumigen Perspektivkonstruktionen vertraut wird.

* Manfred Maier, Elementare Entwurfs- und Gestaltungsprozesse, Verlag Paul Haupt, Bern 1977.

does not appear to aim at a result but rather at knowledge gained in the course of investigation and study. What, then, are the subjects of the Preliminary Course on which the drawing work of later classes is directly built?

The first to be mentioned must be "Object Drawing". It is the drawing subject that carries the greatest weight in the student's schedule, lasting half a day, in other words, five lessons a week. It is the traditional drawing subject of the Foundation Program, pure and simple, often criticized for its orthodox craftsmanship but impossible to do without and, interestingly enough, highly topical exactly in connection with the computer drawing program.

"Object Drawing" explores the spatial geometry of objects and reveals connections that are important when one seeks to represent the three-dimensional world on a flat surface. For this, a rigorous process based only on line has been chosen. A drawing does not show an object as it is; rather, it depicts only one aspect of its presence, namely, its spatial structure, and this transpires within a process that utilizes transparency, all but negating a clear and unambiguous classification of "front" and "back". In "Object Drawing", then, the student learns to handle a high degree of abstraction. Next to a knowledge of the rules of vanishing-point perspective and the manual dexterity that is gained, one learns that a drawing presents, first and foremost, a completely new reality of its own that conforms to its own laws, and only after that is it a reproduction of the real world.

Architectural studies are also pursued as part of the same subject, to familiarize the student with the very different requirements of large and small spatial perspective constructions.

* Manfred Maier, Basic Principles of Design, van Nostrand/Rheinhold.

1

Neben dem «Gegenstandszeichnen» (auch «Zeichnen 1» genannt) wird im Vorkurs ein zweites Zeichenfach mit der Bezeichnung «Zeichnen 2» geführt, das sich mit der Darstellung von organischen Naturformen befasst. Es ist in seiner Ausgestaltung stark von den persönlichen Intentionen der Unterrichtenden geprägt, so dass sich nur schwer etwas Allgemeines darüber sagen lässt.

Deutlicher konturiert und in seiner Andersartigkeit gegenüber dem Gegenstandszeichnen wichtig für die Entwicklung der Artikulationsfähigkeit ist das Fach «Bildgestalten». Es werden in zeichnerischen und malerischen Techniken Bildkompositionen erfunden oder nach Beobachtung interpretiert. Dabei zielt der Blick ausschliesslich von aussen auf die Oberfläche der Gegenstände. Das Licht spielt eine Rolle, die Beschaffenheit der Materialien, ihre Tonwerte und Farben. Es wird mit Bleistift, Farbstift, Kreiden gezeichnet oder mit Tempera gemalt. Der darstellerische Zugriff ist ein völlig anderer, ganzheitlicherer als beim «Gegenstandszeichnen». Die Komposition des Bildgefüges wird untersucht, und die Impression, die äussere Erscheinung der sichtbaren Welt, steht im Vordergrund.

2

Obwohl alle zwölf Fächer des Vorkurses ihre Spuren hinterlassen und für das Zeichnen wichtig sind, soll hier nur noch auf zwei weitere hingewiesen werden, die durch ihre handwerklichen und konzeptionellen Aspekte mit dem Zeichnen sehr direkt verbunden sind: die Fächer «Schrift» und «Entwerfen».

Die Schrift ist reich an verwandtschaftlichen Beziehungen zum Zeichnen. Bei beiden ist die Linie das Medium, bei beiden spielt der Entstehungsprozess, das Wachsen der Darstellung eine Rolle und bei beiden ist zugleich handwerkliche Sicherheit und Spontaneität gefordert. Ob man eine tradierte Form nachvollzieht, neue Zeichensysteme erfindet oder bekannte umformuliert, das Schriftschreiben basiert auf strengen Regeln. Das Schriftblatt hat eine Einheit in Form und Ausdruck zu sein. Gleichzeitig soll aber Spannung vermittelt werden, sowohl im Verhältnis der einzelnen Teile untereinander als auch in der Beziehung der Teile zum Ganzen. Die gleichen Forderungen kann man auch an eine Zeichnung stellen.

In addition to "Object Drawing" (also known as "Drawing 1"), a second drawing subject is offered within the Preliminary Course. With the designation "Drawing 2", this subject comprises the representation of organic forms from nature. The form this class takes is strongly characterized by the personal intentions of the class instructors, making it difficult to say something general about it.

More clearly outlined and, by virtue of its difference in comparison with object drawing, important for the development of the student's ability to articulate, is the subject "Pictorial Design". Pictorial compositions are devised in drawing and painting techniques, or interpreted according to observations. Here, the aim is exclusively the view from outside onto the surfaces of objects. Light plays a role, as do the nature and properties of the materials, their values and colors. Pencil, crayon and chalk are used for drawing, tempera for painting. The representational concept in this case is completely different than in "Object Drawing". Here, the composition of the pictorial structure is examined, and the impression, the external appearance of the visible world, is what is important.

Although all twelve subjects in the Foundation Program leave their tracks behind them and are important for drawing, only two more, which are directly connected to drawing through their craftsmanship and conceptual aspects, will be referred to here: the subjects of "Letterform drawing" and "Design".

Calligraphy is richly related to drawing. Line is the medium of both; in both, the process of emergence – the growth of the work – plays a role: and in both, security of craftsmanship and spontaneity are simultaneously required, whether one is duplicating a traditional form of calligraphy, devising new drawing systems or reformulating known systems based on strict rules. The page of calligraphy has to be a unity of form and expression. At the same time, however, tension should be conveyed in the relationships of the individual parts to one another as well as in the relationship of the parts to the whole. The same requirements can also be set for a drawing.

Spontaneous, everyday writing and, for the few who do it, the drawn sketch, should also be recalled. The hasty notes that record a thought and the quick sketches that reflect an observation or visualize a design idea are sisters in spirit.

In the subject of "Design", one works with mediums for graphic design as well as for drawing. The actual point, however, is the design process, and it is this that is investigated. How can conditions be created in the design experiment that allow and facilitate the trek into unknown territory?

Zu erinnern ist auch an die spontane alltägliche Form des Schreibens, und für die wenigen, die es tun, an das zeichnerische Skizzieren. Die rasche Notiz, mit der man einen Gedanken festhält, und die flüchtige Skizze, die eine Beobachtung wiedergibt oder eine Entwurfsidee visualisiert, sind Schwestern im Geiste.

Im Fach «Entwerfen» wird sowohl mit grafischen, als auch mit zeichnerischen Mitteln gearbeitet. Der eigentliche Punkt ist aber der entwerferische Vorgang, der untersucht wird. Wie lassen sich Voraussetzungen schaffen, die beim gestalterischen Experiment das Betreten von Neuland ermöglichen und erleichtern? Es geht um das Erkennen von Beziehungen, das Schaffen und Auflösen von Ordnungen. Gearbeitet wird in langen Entwurfsreihen, die fortwährend zu analysieren sind. Immer wieder tritt man zurück und versucht herauszufinden, welche Bedeutung der einzelne Entwurf im Verhältnis zum Gesamtkonzept hat. Haben sich vielleicht neue Ansatzpunkte ergeben, die zu weiteren, neuen Versuchsanordnungen führen könnten? Hier verliert das einzelne Resultat in besonderem Mass an Wichtigkeit, denn geschult wird zur Hauptsache das konzeptionelle Denken im Feld der visuellen Sprache.

What is called for is the recognition of relationships, the creation and dissolution of orders. Work takes the form of drawing series which are continuously analyzed. One constantly steps back and attempts to discover the significance of the individual design in relation to the total concept. Have new departure points perhaps arisen that could lead to further new attempts at organization? Here, particularly, the individual result loses importance. Instead, brought to the forefront and trained is one's conceptual thinking in the field of visual language.

3

1. «Gegenstandszeichnen», Igor Schmutz, 55 × 39 cm, Bleistift / "Object Drawing", pencil.
2. «Bildgestalten», Christian Siegenthaler, 30 × 30 cm, Tempera / "Pictoral Design", tempera.
3. «Entwerfen», Jürgen Kaske, 10 × 10 cm, Filzstift / "Design", feltpen.

Die zeichnerischen Mittel

Die Linie und der Fleck
Die Darstellung des Raumes und des Lichts
Fragen nach Talent und Qualität

Auseinandersetzungen darüber, wie die ideale Sprache und Form einer Zeichnung zu sein hat, beschäftigen seit der Renaissance Künstler und Kunsterklärer. Das Thema ist heute in der Rezeption zeitgenössischer Kunst nicht mehr von Bedeutung, denn im völligen Stilpluralismus ist eine Bewertung nach Kriterien wie «falsch» oder «richtig» sinnlos. Und es ist kaum nachvollziehbar, mit welcher Hitzigkeit die Debatte noch im 19. Jahrhundert geführt wurde. Sie entzündete sich an den verschiedenen künstlerischen Konzepten von Ingres[1] und Delacroix[2]. Und auch zuvor schon, im 17. Jahrhundert, war es zwischen den Poussinisten[3] und den Rubinisten[4] um das gleiche gegangen: Sollte beim Zeichnen der Kontur und der präzisen Raumerklärung oder dem Tonwert und damit der Lichterklärung der Vorzug gegeben werden? Dieser Konfliktstoff ist heute noch für den Zeichner interessant, aber nicht im Sinne eines unüberbrückbaren Antagonismus, sondern als Möglichkeit, sich über die Beschaffenheit seiner zeichnerischen Sprache Klarheit zu verschaffen. Dieser Konflikt ist unterschwellig präsent in allen Arbeitsbeispielen dieses Buches, obwohl in den seltensten Fällen ein Gedanke an ihn verschwendet wurde. Worum geht es?

Die Diskussion entzündete sich daran, dass die Linie, das vorherrschende zeichnerische Mittel, in der Natur nicht vorkommt. Der Zeichner bedient sich also eines Mediums, das ohne Bezug zu den Dingen ist, die er darstellen soll. Natürlich haben schon die Maler der Spätgotik auf ihren Werkstattskizzen sich damit zu helfen gewusst, dass sie feine Schraffuren setzten, also Tonwerte zeigten, um die Körperlichkeit eines Gegenstandes anzudeuten, aber im Grunde war die Zeichnung bis in die Renaissance eine Darstellung, die hauptsächlich die Kontur hervorhob. Das Zusammenspiel, der Rhythmus und die Spannungsverhältnisse zwischen den Formen wurden zur Hauptsache mit Hilfe der Silhouetten gesucht und definiert.

The Medium of Drawing

The Line and the Dot
The Representation of Space and Light
Questions of Talent and Quality

Discussions on this theme, such as the ideal language and form for a drawing, have occupied artists and those who define and explain art since the Renaissance. Today, this theme is no longer significant to the way in which contemporary art is received, since any assessment according to criteria like "right" and "wrong" is senseless in a world of complete stylistic plurality. And it is hard to comprehend how heated the debate still was in the 19th century, sparked off by the different artistic concepts of Ingres[1] and Delacroix[2]. And even earlier, in the 17th century, the same theme was an issue between the Poussinists[3] and the Rubenists[4]: should the contour and precise spatial definition of a drawing be given preference, or the value, and therefore the definition, of light? These conflicts are still interesting for the drawer today, not as an unbridgeable antagonism, but rather as a possibility to obtain clarity regarding the nature of his own graphic language. This conflict is subliminally present in all the examples of work in this book, although only in the rarest cases was any thought given to it. What is this conflict about?

The discussion was set off by the line, that this predominantly graphic medium is not to be found in nature. The drawer, in other words, is making use of a medium that has no relation to the thing it is supposed to represent. Of course, the late Gothic painters knew how to circumvent this by working with fine hatching – in other words, showing values to suggest the solidity of an object – but in principle, drawing up until the Renaissance was a representation that primarily emphasized contour. The interplay, the rhythm and the dynamic relationships between the forms were sought and defined primarily with the help of the silhouette.

Von Leonardo stammt die Bemerkung: Die Linie sei, weil sie als Gegenstandserklärung verstanden werden könne, obwohl sie in Wirklichkeit nicht existiere, von geistiger Natur. Und er sagt damit unter anderm, dass die Zeichnung nicht die Reproduktion der Natur sein kann, sondern dass sie eine eigene, besondere Realität besitzt. Es ging also darum, dass die Anhänger der Linien-, also konturbetonten Zeichnung, der Gegenpartei, die der Darstellung des Lichts auf den Volumen den Vorzug gab, vorwarfen, platten Realismus zu betreiben.

Die unterschiedlichen Auffassungen über die Art der zeichnerischen Sprache zeigte sich aber hauptsächlich in abweichenden Konzepten von der Beschaffenheit des Bildgefüges. Der Forderung, dem Bildraum und den dargestellten Dingen gleichsam von innen heraus ihre Form und Gestalt zu geben, indem man zuerst die nackte menschliche Figur zeichnete, bevor man ihr die Kleider «überzog», stand das Konzept des «Blicks von aussen» gegenüber, das dem Bildraum die Schärfe und klare Artikulation verweigerte und mehr auf das Wechselspiel von Licht und Schatten an der Oberfläche der Dinge einging. Die Maler der Renaissance und die Anhänger des akademischen Stils im 19. Jahrhundert neigten der ersten, jene des Barock und später die Impressionisten der zweiten Auffassung zu.

In der Folge wird nun von Linie und Fleck die Rede sein, denn im Unterschied zum Tonwert, der den klassischen Gegensatz zur Linie bildet und eine unbeschränkt grosse Fläche einnehmen kann, ist der Fleck ein relativ klar einzugrenzendes darstellerisches Mittel, ähnlich «klein» wie die Linie. Man kann die Linie und den Fleck als kleinstmögliche formale Einheit der zeichnerischen Sprache bezeichnen, als ihren Grundwortschatz gewissermassen.

Ein Fleck artikuliert sich als kleine Schraffur, hergestellt mit einem Stift, im Aufsetzen des Pinsels oder dem kurzen Touchieren der Zeichenoberfläche mit einer breitgeführten Kohle oder Kreide, er markiert einen Punkt. Die Linie ist die Spur einer Bewegung, mit Beginn und Ende, ausgeführt mit einem mehr oder weniger spitzen Zeichengerät, einem Stift, einer Feder oder einem Pinsel. Mit der Erklärung der Mittel befinden wir uns im Zentrum dessen, was mit Linie und Fleck ausgesagt werden kann. Vorauszuschicken ist noch, dass es in jeder Zeichnung um die Auseinandersetzung mit dem Raum geht, denn unabhängig davon, ob man etwas Gedachtes oder Gesehenes formulieren will, immer ist es die Umsetzung der Dreidimensionalität in die Zweidimensionalität.

From Leonardo comes this observation: The line has an intellectual nature because, although it does not exist in reality, it can be understood to clarify objects. And he added, among other things, that the drawing cannot be a reproduction of nature, but that it possesses rather its own special reality. The issue, then, was that the supporters of line drawing – shaded contour drawing – were reproaching the opposition, who preferred the representation of light on volumes, for practicing trite realism.

The differing views concerning the nature of graphic language become chiefly apparent, however, in diverging concepts about the character of pictorial structure. Painters were encouraged to give the pictorial space and the things represented in it their form from the inside out, as it were, by first drawing the naked human figure before "covering" it with clothing. This approach was in opposition to the concept of the "view from outside", which refused to give pictorial space sharpness and clarity, and was more compatible with the interplay of light and shade on the surfaces of things. The painters of the Renaissance and the followers of the academic style of the 19th century leaned towards the first view, while those of the Baroque, and later the Impressionists, leaned towards the second.

In later times, the discussion would center around the line and the dot because, as distinct from value, which constitutes the classic contrast to line and can fill a large unrestricted area, the dot is a representational device that is relatively easy to define and is similar to the line in its "smallness". One could denote the line and the dot as the smallest possible formal units of graphic language – to a certain extent, its basic vocabulary.

A dot expresses itself as a tiny hatching mark. Produced with a pencil, with the touch of a brush, or with the short grazing of the drawing surface with a wide piece of charcoal or chalk, it marks a point. A line is the track of a movement, with a beginning and an end, executed with a more or less pointed drawing utensil, a pencil, a pen or a brush. With this explanation of the mediums, we find ourselves at the center of what can be expressed with line and dot. Still, it must be said that each and every drawing is about a confrontation with space because, autonomous of whether one wants to formulate something imaginary or something seen, the drawing is always interpreting the three-dimensional world in two-dimensional space.

1

2

Raumerklärung und Lichterklärung: Linien gleiten an den Rändern entlang, schaffen räumliche Beziehungen. Flecken tasten über die Oberfläche, zeigen das Helldunkel und das sich wandelnde Spiel des Lichts.

Clarification of space and light: Lines glide along the edges, creating spatial relationships. Dots feel their way across the surface, revealing the chiaroscuro and the changing play of light.

1. Bernard Voïta, 59,4 × 42 cm, Bleistift / Pencil.
2. Patricia Cué, 29,7 × 21 cm, Tempera / Tempera.

Die Linie steht für die Erklärung, man könnte auch sagen Klärung des Raumes, der Fleck steht für seine Andeutung. Die Linie kann im Bildraum scharf trennen zwischen Oben–Unten, Vorne–Hinten oder Davor und Dahinter, zwischen Silhouette und Grund zum Beispiel. Sie hilft mit den klaren Abgrenzungen der Flächen, die sie umschreibt, räumliche Beziehungen herzustellen.

Völlig anders der Fleck, denn seine Rolle bei der Raumdarstellung ist das Sowohl-Als-auch. Er ist zwar im Verhältnis zur Bildfläche in seiner Position zu den Rändern sehr klar und eindeutig, bleibt aber unbestimmt, wenn es darum geht, die räumlichen Zonen voneinander zu trennen. Der Fleck beschreibt das Dazwischen, im Gegensatz zur Linie, die den Rand meint. Der Fleck scheint nur am richtigen Ort zu sein, die Linie ist am richtigen Ort. Mit der Linie werden Räume gefügt, mit dem Fleck werden sie aufgelöst. Der Fleck übermittelt Licht und Schatten. Das Licht und der Schatten haben keine Substanz, sie gleiten über die Dinge hinweg, verändern sich und die Wahrnehmung der dinglichen Welt unablässig.

Licht und Schatten stehen für den Wandel. Die Linie, die das Hell–Dunkel weitgehend ignorieren kann, weil sie den Rändern entlanggleitet und den Überschneidungen auf der Spur ist, steht für das Statuarische der dinglichen Wahrnehmung.

Im Stundenplan des Vorkurses der Basler Schule hat sich noch etwas vom Antagonismus der Linien- und Fleckauffassung erhalten, und zwar in den beiden Zeichenfächern «Gegenstandszeichnen» und «Bildgestalten». Dies zeigt, dass die alten Auseinandersetzungen immer noch wirken, obwohl die Sachverhalte nicht in der Schärfe im Unterricht diskutiert werden, wie es hier versucht wird.

Interessant ist es nun, dass sich nicht nur das zeichnerische Vokabular auf diese Art analysieren lässt, sondern dass es Formen der Begabung unter den Zeichnern gibt, die sich eher dem einen oder dem andern Typ zuordnen lassen. Den Linientyp mit der starken Raumbegabung und den Flecktyp, der eher dem Licht und den Valeurs auf der Spur ist. Und natürlich sind die Allrounder nicht zu vergessen – aber um die braucht man sich zumeist keine Sorgen zu machen.

The line represents the declaration, one could also say the clarification, of space, while the dot represents its suggestion. The line can create sharp separations in pictorial space between, for example, above and below, front and back, or in front of and behind, between silhouette and ground. By clearly limiting the surfaces it defines, it helps to create spatial relationships.

The dot is something completely different. Its role in the representation of space is an attitude of compromise. True, in relation to the picture surface, its position to borders is very clear and unambiguous, but it remains indeterminate when it comes to separating spatial zones from one another. The dot describes the in-between, in contrast to the line, which refers to the edge. The dot only appears to be in the right place, while the line is in the right place. The line is used to enclose space; the dot is used to dissolve it. The dot conveys light and shade. Light and shade have no substance; they pass over things, incessantly altering themselves and our perception of the real world.

Light and shade represent change. The line, which can ignore light-and-dark to a large extent because it travels along the edges and searches for intersections, represents that which is statuary in the world of real perception.

In the class schedule of the Foundation Program at the Basel School, some of the antagonism between these two points of view has been maintained, specifically in the two drawing subjects, "Object Drawing" and "Pictorial Design". This shows that the old dialogue still has an effect, although the issues are not discussed in class with the same incision as was attempted here.

It is certainly interesting that not only the vocabulary of drawing can be analyzed in this way, but also that there are manifestations of aptitude among drawers themselves, who can be classified as one type or the other. The line type, who has a strong spatial ability, and the dot type, who searches rather for the light and the values. And of course, the "talented for both aspects" are not to be forgotten – although, for the most part, one doesn't worry too much about them.

Damit gelangt man zu einem alten Problem im Zusammenhang mit den methodischen Konzepten der Gestalterschulen und ihrer Auswahlverfahren, wenn es um die Aufnahme von Schülern geht. Und zwar insofern, als die Fähigkeit, den Raum nach den zentralperspektivischen Regeln darstellen zu können, zu einem Kriterium gemacht wird dafür, ob jemand zeichnerisches Talent besitzt oder nicht, und dass nach den anderen darstellerischen Fähigkeiten nicht gefragt wird. Jenen, die mit dem Raum ihre liebe Mühe hatten, empfahl man von jeher (und tut dies meist heute noch), den Zeichenstift besser wegzulegen und sich einem anderen als einem bildnerisch-gestalterischen Beruf zuzuwenden. Zu diesen gehören auch die «Fleckzeichner», die es als eigenständige Begabung gibt und die oft sehr unsichere Raumdarsteller sind.

Nun haben natürlich die meisten guten und leidenschaftlichen Zeichner in ihrer Kindheit ihr Talent vor allem daran erkannt, dass sie besser als andere mit den räumlichen Problemen umgehen konnten. Und die Unterlegenen bei diesem Vergleich gaben das Zeichnen in der Pubertät auf, weil sie erkennen mussten, dass die Autos und Flugzeuge auf ihren Zeichnungen nur sehr wenig gemein hatten mit den Autos und Flugzeugen in den Magazinen und Comic-Heften, die in aufregenden Perspektiven abgebildet waren. Vor dem Hintergrund des oben erwähnten Stilpluralismus in der heutigen Kunst- und Gestalterszene und der offensichtlichen Akzeptanz jedweder bildsprachlichen Ausdrucksart, hat das Primat des «Richtig-zeichnen-Könnens» seine Vorherrschaft verloren, und viele junge Menschen zeichnen, ohne sich von «falsch oder richtig» beeindrucken zu lassen.

Andere wiederum gewinnen nur mühsam darstellerisches Selbstvertrauen, dem dauernden, schmerzlichen Vergleich mit jenen ausgesetzt, die es «viel besser können» und denen alles sehr leicht fällt. Auf dem Weg zu einer eigenen zeichnerischen Sprache sind es aber oft gerade die nicht so glanzvollen Begabungen, die interessante, eigenwillige Lösungen finden. Und die grossen Talente, darauf bedacht zu brillieren, erschöpfen sich leicht im Virtuosentum und sind manchmal zu einer echten künstlerischen Entwicklung unfähig.

And with this, we arrive at an old problem related to the methodological concepts of design schools and their selective procedure as it involves accepting students. A criterion is made as to whether one has the ability to represent space according to the rules of vanishing-point perspectiv, thus determining the evidence of a talent for drawing. Those who have their special difficulties with space are always recommended to lay their drawing pencil aside and apply themselves to any other profession than one that involves graphics or design (and most of them do it, even today). "Dot drawers" are also among these, those who have an ability in their own right but are often very insecure when it comes to representing space.

Naturally, most of the good and passionate drawers recognized their talent in childhood, when they saw that they could handle spatial problems better than others could. And the losers in this comparison gave up drawing during puberty because they were forced to recognize that the automobiles and airplanes in their drawings had very little in common with the automobiles and airplanes in magazines and comic books, which were depicted in hair-raising perspective.

Against the background of the above-mentioned plurality of style in the art and design scene of today, as well as the public's acceptance of the expression of every kind of imagery language, the predominance of "correct drawing abilities" has been lost, and many young people are drawing, uninfluenced by what is "right or wrong".

Others regain confidence in their performance only with difficulty, as what they do is exposed to constant and painful comparison with those who "can do it much better" and for whom everything comes very easily.

Gibt es, um auf den Ausgangspunkt zurückzukommen, Kriterien, die es erlauben, unabhängig von «falsch und richtig», die Qualität einer Zeichnung zu beurteilen? Wenn die Raumdarstellung nichts mehr oder fast nichts mehr gilt, woran hält man sich dann? Gibt es ein richtiges oder falsches Licht? Wohl kaum. Dennoch ist die Frage berechtigt, denn bei der Auswahl der Arbeiten für dieses Buch wurde natürlich zwischen Besserem und Schlechterem unterschieden. Ausschlaggebend war, ob in den Zeichnungen ein wie auch immer sich artikulierender Formwille spürbar ist. Hat die Zeichnerin es verstanden, ihre Vision so zu materialisieren, dass der Betrachter davon eingenommen wird? Spricht sie über die Dinge mit den Mitteln der Linie und des Flecks in einer Sprache, die sich spannungsvoller Wendungen bedient, oder ist die Sprache bei aller technischen Beherrschung langweilig? Hat sie es erreicht, dass eine Verdichtung entsteht, oder zerfranst die Artikulation im Dekorativen?

Die Zuweisung von darstellerischen Funktionen an die Linie und den Fleck im Sprachgefüge des bildnerischen Ausdrucks ist eine Hilfestellung. Weder für die Zeichnerin noch für den Betrachter vermag sie zu erklären, was letztlich die künstlerische Qualität einer Arbeit ausmacht. Die Realität lehrt, dass auf allen künstlerischen Gebieten unmögliche Voraussetzungen hervorragenden Leistungen nicht im Wege stehen.

On the way to one's own language of drawing, however, it is often exactly those less-than-magnificent abilities that find interesting and original solutions. And the great talents, thought to be so brilliant, quickly limit themselves to virtuosity, and are sometimes incapable of true artistic development.

Is there criteria, to come back to where we began, that allows us to assess the quality of a drawing, independent of "right and wrong"? If the representation of space is no longer, or almost no longer, valid, what then does one hold on to? Is there a right or wrong light? Hardly. Still, it is a legitimate question, because during the selection of works for this book, differences were naturally made between those that were better and those that were worse. What was decisive, however, was whether an articulated formal intention was detectable in the drawing. Did the drawer know how to materialize her vision in a way that grabs the observer? Does she speak about objects, with the mediums of line and dot, in a language that makes use of dynamic expression, or is the language, with all its technical control, boring? Did she manage to create intensification, or does the articulation unravel into decorativeness?

The assignment of graphic functions to line and dot within the language structure of image expression is a support. Neither the drawer nor the observer is in a position to explain what ultimately makes up the artistic quality of a work. Reality teaches us that, in all areas of art, impossible preconditions do not stand in the way of exciting achievements.

[1] Jean-Auguste-Dominique Ingres, 1780–1867, wichtigster Vertreter der französischen am italienischen Vorbild geschulten Klassik.
[2] Eugène Delacroix, 1789–1863, führender französischer Romantiker mit Wurzeln bei Rubens.
[3] Nicolas Poussin, 1593–1665, an der Antike und Raffael geschulter, in Italien lebender Hauptvertreter der französischen Klassik, Anhänger von Ordnung, Mass und Klarheit in der Malerei.
[4] Peter Paul Rubens, 1577–1640, Hauptmeister des flämischen Barock, Maler der Volumen und Materialien, der Bewegung und des Lichts.

[1] Jean-Auguste-Dominique Ingres, 1780–1867; most important representative of French Classicism, trained in the Italian school.
[2] Eugène Delacroix, 1789–1863; leading French Romantic with roots dating back to Rubens.
[3] Nicolas Poussin, 1593–1665; main representative of French Classicism living in Italy, schooled in antiquity and Raphael, supporter of order, measure, and clarity in painting.
[4] Peter Paul Rubens, 1577–1640; principle master of Flemish Baroque, painter of volumes and material, of movement and light.

1

2

3

Was ist eine Zeichnung? Wie ist die vorliegende Auswahl entstanden?

Das Hauptkriterium bei der Auswahl der Zeichnungen für dieses Buch war, dass die Arbeitsweise der Zeichnerin, die Konditionen, die sie sich selbst stellte oder die sie vorfand, in ihren Arbeitsproben transparent wurden. Weniger das einzelne glanzvolle Resultat, als vielmehr die Spuren, die auf der Wegstrecke der zeichnerischen Forschungsreise zurückblieben, waren von Interesse. Serien bestimmen also den Charakter des Bildteils. Manchmal ist in der Abfolge der Zeichnungen eine klare Start- und Zielposition auszumachen, oft aber kreisen die Beispiele um ein Thema, ohne vordergründig sichtbare Veränderung im Sinne eines Fortschritts oder einer Verbesserung. Dieses immer wieder neu mit dem gleichen Beginnen, das langsame, manchmal kaum wahrnehmbare Vorankommen (oder auch Rückschreiten) beim Entwickeln und Erweitern der eigenen Artikulationsfähigkeit, ist typisch für die zeichnerische Entwurfsarbeit.

Bei den meisten Beispielen dieses Buches geht es um das Entwerfen einer Zeichnung. Das Zeichnen dient also nicht der Entwicklung eines anwendungsbezogenen Produktes, sondern beschäftigt sich mit sich selbst.

Es wird auffallen, geht man den Bildteil durch, dass der Begriff «Zeichnung» weit gefasst ist. Im herkömmlichen Sinne ist eine Zeichnung eine Darstellung, die mit einem Werkzeug hergestellt ist, das eine Linie produziert. Diese Einschränkung wäre jedoch ein zu einseitiges Auswahlkriterium gewesen, denn an einer Gestalterschule muss über die engen Grenzen der Kategorien hinausgedacht und -experimentiert werden. Oft sind es gerade die Reibungspunkte mit anderen Verfahrenstechniken, zum Beispiel dem Computer oder der Fotografie, aber auch der traditionellen Malerei, die eine besondere Herausforderung darstellen und das Potential für neue, aussergewöhnliche Lösungen besitzen.

Die Gliederung des Bildteils in vier Haupt- und sechzehn Unterkapitel ist der Versuch, einer vielschichtigen Materie eine Form zu geben, die für den Leser nachvollziehbare Einblicke in die Entwurfsarbeit vermittelt. Scheinbar einfache Aufgabenstellungen stehen am Beginn, und den Abschluss bilden Arbeitsproben mit figürlichen Darstellungen. Was wie eine hierarchische

What Is a Drawing? How Did the Presented Selection Come About?

The main criterion for the selection of drawings in this book was that the drawer's way of working, the conditions she set herself or those she found, had become transparent during her experimentation. Of much more interest than the single splendid result were the traces that remained behind on the road she traveled during her drawing expedition. Series, then, define the character of the illustrated section of the book. Sometimes, clear beginning and end points can be made out from the sequence of the drawings, but often the examples circle around a theme without apparent visible changes in the sense of progress or improvement. This always-new within same undertaking, this slow, sometimes hardly perceptible headway (or even regression) in development or in increasing one's ability to articulate, is typical for graphic design work.

For most of the examples in this book, the issue is the designing of a drawing. The drawing process, then, does not serve the development of an application-oriented product, but is rather concerned with itself.

It is striking, as one looks through the works, how broadly defined the category of "drawing" is. In the conventional sense, a drawing is a representation created with a tool that produces a line. This limitation, though, would be too one-sided a criterion for our selection process, because a design school must take its thoughts and experiments over the borders of categories. Often, these are exactly points of friction with other technical procedures – with computers or photography, for example, but also with traditional painting, which presents a special challenge and has the potential for new and unusual solutions.

The organization of the works into four main chapters and sixteen subchapters comprises an attempt at giving a complex subject a form which offers the reader a comprehensible glimpse into the design process. Apparently simple tasks have been placed at the beginning, while experiments representing the figure are to be found at the end. What looks like a hierarchical ordering is not to be understood as value judgment, because, with drawing, too, the so-called easy can prove to be highly demanding and complex, while the apparently difficult turns out to be undemanding. This book does not seek to be a textbook in the traditional sense, following a linear pattern of development in which

Ordnung aussieht, ist aber nicht wertend zu verstehen, denn auch beim Zeichnen kann sich das sogenannt Einfache als äusserst anspruchsvoll und vielschichtig erweisen, während sich das scheinbar Schwierige als anspruchslos entpuppt. Das Buch möchte also nicht in einem herkömmlichen Sinn, einem linearen Entwicklungsmuster folgend, ein Lehrbuch sein, in dem man langsam vom Einfachen zum Schwierigen fortschreitend sich mit der Materie auseinandersetzt, sondern es versucht Themenkomplexe einzukreisen, die alle in gleichem Masse wichtig und interessant sein können.

«Entwickeln», «Material», «Objekt, Sprache, Form» und «Verdichten» sind die Themen, unter denen die Arbeiten geordnet wurden. Die Leserin wird leicht feststellen, dass die meisten Arbeitsproben aufgrund ihrer Vielschichtigkeit sowohl dem einen als auch dem anderen Thema zugeordnet werden könnten, denn jede Zeichnung vereint in sich alle oben aufgeführten Aspekte, ist zum Beispiel das Dokument einer Entwicklung, hat sehr vordergründig mit dem Material etwas zu tun, mit dem sie ausgeführt wurde, und zeigt immer eine Form von Reduktion. Massgebend für die Zuordnung in das eine oder andere Kapitel war der Aspekt, welcher am stärksten hervortrat. Gleichzeitig aber wurde, im Hinblick auf die Gliederung des ganzen Buches, auch darauf geachtet, dass in jedem Kapitel möglichst verschiedenartige Resultate anzutreffen sind, die helfen, den einen Aspekt von unterschiedlichen Seiten her zu beleuchten. Unter diesem Gesichtspunkt entstanden Zuordnungen, die im Sinne der vier Hauptthemen nicht völlig konsequent erscheinen, die aber den Reichtum und die Vielfältigkeit der Sache verdeutlichen.

Nicht alle Kurse und Fachbereiche, in denen an der Schule für Gestaltung Basel gezeichnet wird, sind berücksichtigt. Das Buch will nicht die ganze Schule vorstellen. Der Autor hat sich die Freiheit genommen eine Auswahl zu treffen, die für die Sachverhalte, die er darstellen wollte, sinnvoll erscheinen. Schwergewichtig vertreten ist der Teil der Schule, der sich mit angewandter Gestaltung beschäftigt.

one grapples slowly and progressively with the subject matter from simple to difficult. It attempts rather to encircle constellations of themes that can all be similarly important and interesting.

"Developing", "Material", "Object, Language, Form" and "Compressing" are the themes around which the works are organized. The reader will quickly see that most of the experiments, because of their complexity, could just as well have been classified into one or another theme, since each drawing unites within itself all the aspects thus far discussed; each is, for instance, the document of a process of development, each is very obviously concerned with the material used to execute it, and each always demonstrates a form of reduction. Decisive for its classification into one or another chapter was the aspect that came out in the strongest way. At the same time, though, as regards the organization of the book as a whole, care was taken to include in each chapter the most diverse results possible, to help illuminate an aspect from different sides. Seen from this perspective, classifications emerge that do not appear to be totally consistent with the four main themes, but which illustrate their variety and multiplicity.

Not all the courses and subject areas at the Basel School of Design where drawing takes place have been considered here. It is not the object of this book to introduce the entire school. The author has taken the liberty of making a selection that seems to make sense for the subject at hand. Heavily represented is that portion of the school occupied with applied design.

1. Jean-Craig Teerlink, 10 × 10 cm, Pinsel und Tusche / Brush and ink.

2. Regina Fazlic Rodrigues, 30 × 30 cm, Kohle / Charcoal.

3. Olga Burkard, Apple Macintosh, MacPaint.

Die Kolleginnen und Kollegen, die Arbeiten aus ihren Kursen und Werkstätten für diese Publikation zur Verfügung gestellt haben, unterrichteten im Mai 1997 in folgenden Programmen der Basler Schule für Gestaltung:
In den «Basis Erweiterungsklassen», einem Ergänzungsjahr, das an den Vorkurs anschliesst und eine vertiefte Auseinandersetzung mit den Grundlagen vermittelt.
In der «Fachklasse für Grafik» (Voraussetzung dafür ist der einjährige Vorkurs), einem der Berufslehre entsprechenden vierjährigen Ausbildungsgang, der mit einem eidgenössischen Fähigkeitsausweis abgeschlossen wird.
Der «Weiterbildungsklasse für Grafik», einem zweijährigen Programm ohne Abschluss, das spezialisiert ist auf Typografie, Schrift, zeichnerische Umsetzung und Computerarbeit. Diese Klasse wird in grossem Umfang von Berufsleuten aus dem Ausland besucht.
An der HFG (Höhere Fachschule für Gestaltung) «Visuelle Kommunikation», ein dreijähriges, auf Semiotik, bewegtes Bild und interaktive Medien ausgerichtetes Weiterbildungsstudium, das mit einem Diplom abgeschlossen wird. (Die letzten drei Programme sollen in naher Zukunft in einer gemeinsamen Abteilung mit unterschiedlichen Spezialisierungsrichtungen im Bereich der visuellen Kommunikation aufgehen.)
Im «Lehramt für bildende Kunst» (der Ausbildungsklasse für Zeichenlehrer), einem vierjährigen Studium in Zusammenarbeit mit dem Lehrerseminar.

Abschliessend eine Bemerkung zur sprachlichen Formulierung der vorliegenden Texte: Traditionell bilden Frauen eine Mehrheit unter den Studierenden an Gestalterschulen. Es wäre daher naheliegend, die Texte ausschliesslich in der weiblichen Form zu verfassen. Weibliche und männliche Formen wechseln aber im Text von Fall zu Fall. Immer wenn es möglich war, auf die Autorenschaft einzugehen, ist die Form gewählt, die zutrifft. Generell aber gilt: Mit der Zeichnerin ist auch der Zeichner und mit dem Zeichner auch die Zeichnerin gemeint.

The colleagues who made works from their courses and workshops available for this publication taught the following programs at the Basel School of Design in May 1997:
The "Foundation Program 2", a supplementary year that links with the Foundation Program and offers a deeper engagement with the basics.
"Graphic Design (Undergraduate)" (the one-year Foundation Program is a prerequisite for this course), a four-year training course that corresponds to a Swiss apprenticeship program and awards an official certificate upon graduation.
The "Advanced Class for Graphic Design", a two-year program without graduation, specializing in typography, letterform design, drawing translation and computer work. This class is largely attended by professional people from abroad.
HFG (Graduate Program) "Visual Communication", a three-year advanced study course oriented towards semiotics, moving image and interactive mediums; diploma awarded upon graduation. (These last three programs should merge in the near future into one common department with different branches for specialization within the field of visual communication.)
"Teaching Visual Arts" (the training course for drawing teachers), a four-year study program in cooperation with the teacher's college.

One last comment regarding the language used in the formulation of text in this book: Women traditionally make up a majority within the student body at design schools. It would therefore have been well-grounded had we chosen to write the text exclusively in the female gender. Instead, male and female gender alternate within the text from case to case. Whenever it was possible to match gender with authorship of a work, we have done so.

1

Entwickeln — Developing

2

Material — Material

3

Objekt, Sprache, Form — Object, Language, Form

4

Verdichten — Compressing

1

Entwickeln Developing

Spielregeln bestimmen und testen

Defining and Testing the Rules of the Game

Kurs: Bewegungszeichnen
Course: Drawing, Movement

Lehrerin / Instructor:
Marianne Diethelm

Fachbereich:
Basis Erweiterungsklassen
Department:
Foundation Program 2

Eine Zeichnung entsteht. Wie beginne ich, in welche Richtung treibe ich die Entwicklung voran, und wann ist der Moment gekommen, aufzuhören? Mit jedem Blatt beginnt ein neues Projekt auf dem Geviert, das vor der Zeichnerin liegt. Wie müssen die Voraussetzungen beschaffen sein, damit jeder neue Entwurf in sich den Keim einer Erfindung trägt? Spielregeln sind notwendig, damit das Experiment zu neuen Erkenntnissen führen kann und sich nicht im Chaos verliert.

Die Arbeiten aus dem Kurs «Bewegungszeichnen» sind Versuche, Linien als Bewegungsspuren sichtbar zu machen, sie zu organisieren und zu spannungsvollen Kompositionen zu bündeln. Im Endresultat soll sichtbar bleiben, was während des Entwicklungsvorganges geschehen ist.

Gearbeitet wird mit ganzem Körpereinsatz. Schulter-, Ellbogen-, Hand- und Fingergelenke übertragen die Kraft und Bewegung auf die Spitze des Stiftes, die Repetition und zum Beispiel ein unter das Zeichenpapier gelegtes Hindernis geben die Regeln vor für das Wachsen der Zeichnung. Geschwindigkeit und Dauer sind wesentliche Faktoren des Prozesses.

A drawing is coming into being. How do I begin, in which direction should I further the development, and when is the moment to stop? With each sheet of paper, a new project begins on the quadrangle in front of the drawer. How should conditions be established so that each new work carries the seed of a discovery? Game rules are necessary so the experiment can lead to new knowledge and not lose itself in chaos.

The works from the course "Drawing, Movement" are attempts at making lines visible as the tracks of movement, organizing them and consolidating them into an exciting composition. What took place during the development process should remain visible in the end result.

The entire body is engaged. Shoulder, elbow, hand and finger joints transfer strength and movement to the pencil point, and an obstacle placed beneath the drawing paper, for instance, plus repetition, lay down the rules for the growth of the drawing. Speed and endurance are essential factors in the process.

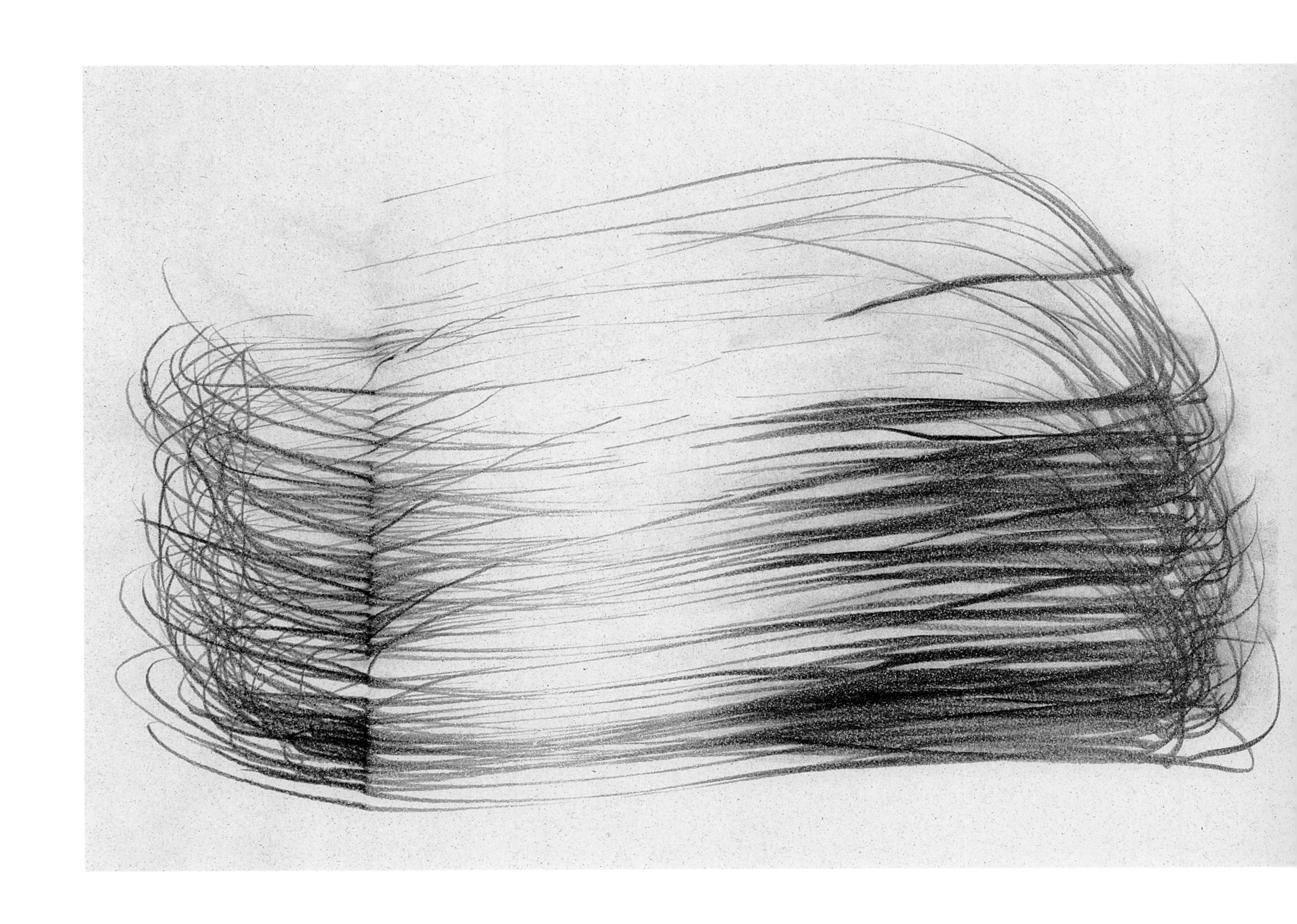

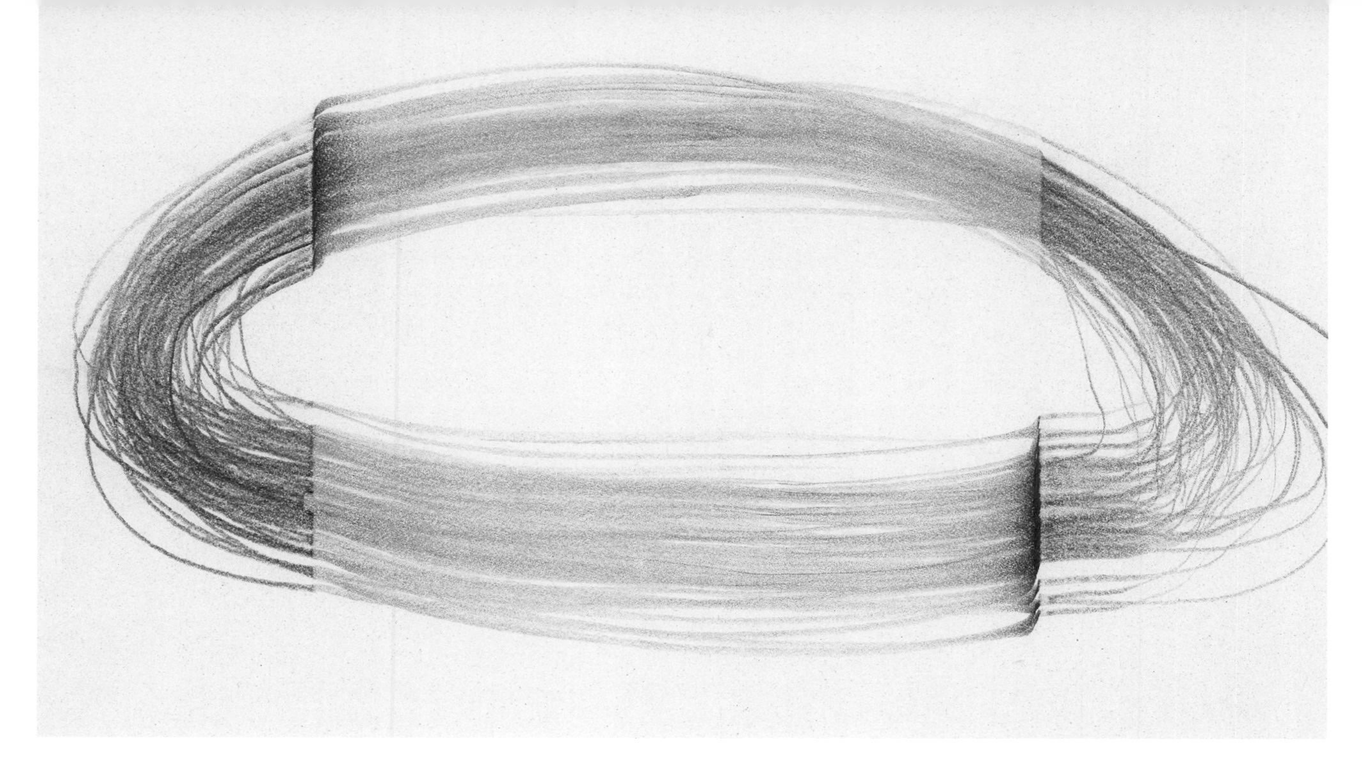

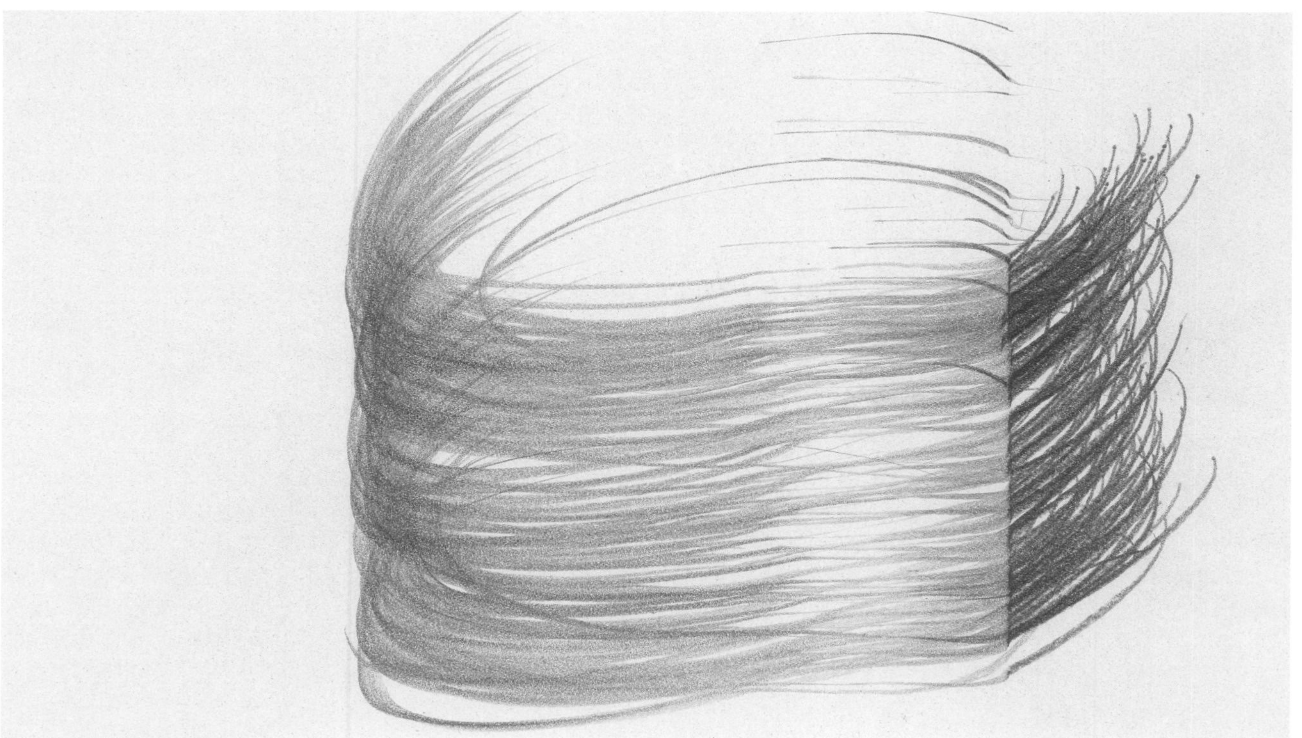

31–33: «Drehbewegung in einer Röhre» nennt der Zeichner das formale Konzept, das er in mehreren Varianten testet. Das Zeichenpapier ist über die Lücke zwischen zwei Tischen gespannt. Die beiden Kanten setzen der Kreisbewegung des Armes Widerstand entgegen, beeinflussen die Strichrichtung und den Duktus der Linie.

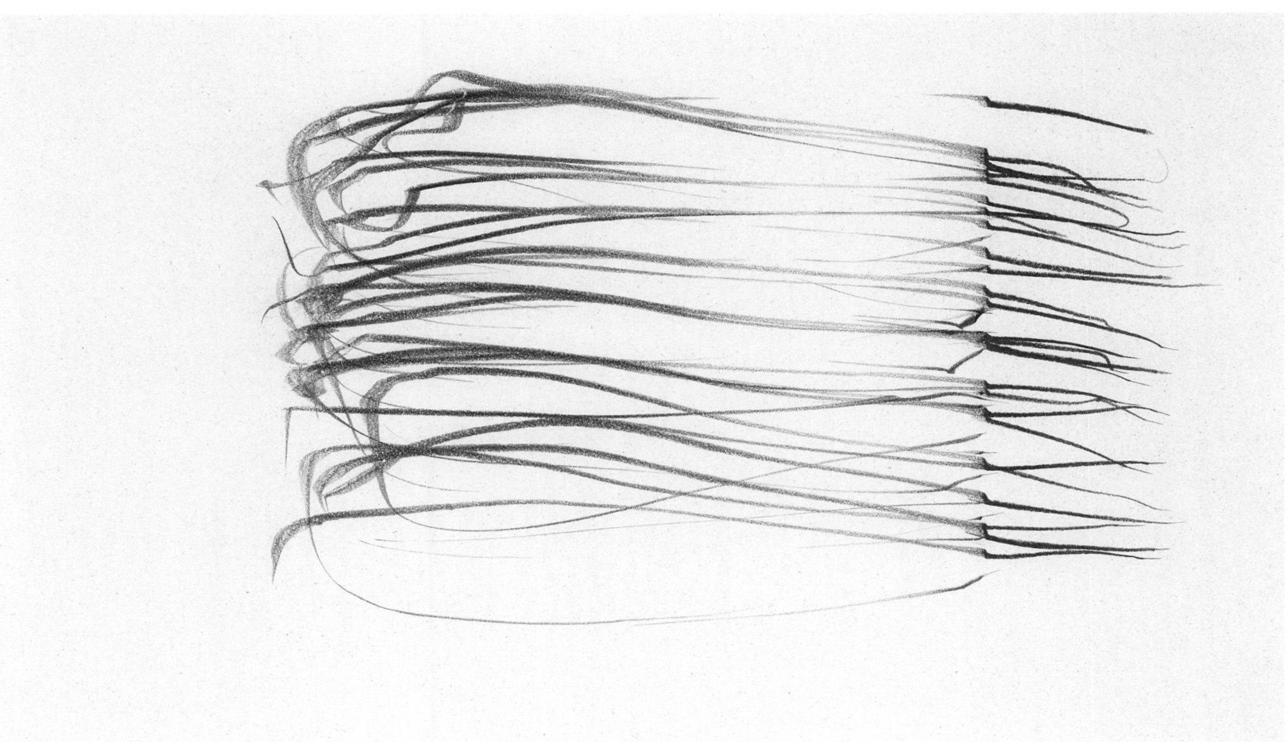

31–33: "Rotational Motion in a Tube" is what the drawer calls the formal concept he tests in several variations. The drawing paper has been stretched across the gap between two tables. The two table edges resist the circular motion of the arm and influence the direction of the stroke and the way the line has been guided across the paper.

31–33: Ruedi Besmer, 29,7 × 42 cm, Bleistift / Pencil.

34/35: Ein Hindernis unterbricht den Lauf des Werkzeuges und gibt dem Strich eine neue Qualität. Gleichzeitig verändert die Zeichnerin den Druck auf den Stift mit dem Ausschwingen des Armes.

34/35: An obstacle interrupts the flow of the tool and gives the stroke a new quality. At the same time, the drawer is changing pressure on the drawing implement with the swinging of her arm.

Franziska Ming, 38 × 45 cm, Graphit / Graphite.

36/37: Fünf Variationen zum Thema «Schlagen mit Drehbewegung». Die Druckveränderung hat ein starkes Helldunkel zur Folge. Die Linienbüschel lösen sich aus der Zweidimensionalität und greifen in den Bildraum. Der räumliche Effekt wurde nicht gesucht, sondern ist das überraschende Resultat der besonderen Versuchsanordnung.

36/37: Five variations on the theme, "Hitting with a Rotational Motion". The change in pressure has a strong effect on the chiaroscuro. The clusters of lines are breaking loose from the two-dimensional and reaching towards a definition of space. The spatial effect was not sought but is the surprising result of this particular experimental pattern.

Catherine Olivier, 50 × 70 cm, Bleistift / Pencil.

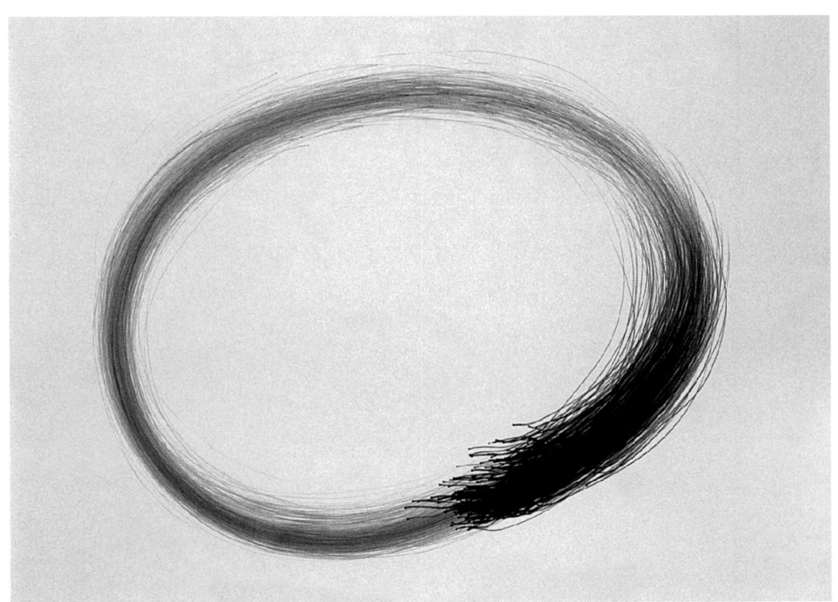

38/39: «Druckverlagerung und einfache Welle mit starkem Aufstrich» ist das Thema des linken Blattes. «Mit teilweise geschlossenen Augen, schwache Welle aus lockerem Handgelenk, von links oben nach rechts unten stark auslaufend» lautet das Programm, das sich die Zeichnerin für das rechte Beispiel vorgenommen hat.

38/39: "Pressure Shift and Simple Waves with Strong Up-stroke" is the theme of the drawing on the left. "With partially closed eyes, faint waves from relaxed wrist, from upper left towards lower right, strong ending" reads the program proposed by the drawer for the example on the right.

Ellen Schneider, 50 × 50 cm, Graphit / Graphite.

Der Teil und das Ganze

The Part and the Whole

Kurs: Filmgrafik
Course: Film Graphics

Lehrer / Instructor:
Peter von Arx
Assistenten / Assistents:
Fabian Kempter
Reinhard Manz
Gregory Vines

Fachbereich:
Fachklasse für Grafik
HFG Visuelle Kommunikation
Department:
Graphic Design (Undergraduate)
Visual Communication (Graduate)

Seiten / Pages: 41 – 45

Kurs: Zeichnen Umsetzen
Course: Drawing, Translation

Lehrer / Instructor:
Peter Olpe

Fachbereich:
Weiterbildungsklasse für Grafik
Department:
Advanced Class for Graphic Design

Seiten / Pages: 46 / 47

Zwei sehr widersprüchliche Forderungen sollen miteinander verknüpft werden: die optische Ruhe und Ausgeglichenheit des ganzen Feldes und eine möglichst vielfältige und reizvolle Beziehung der einzelnen Teile zueinander. Die Textur ist eine Zeichnung ohne Form, ihre Entstehung ein Lehrstück dafür, wie eine Zeichnung wachsen soll: nämlich in ihrer Gesamtheit. Jeder Strich, jeder Fleck, der gesetzt wird, ist immer in seinem Verhältnis zum Ganzen zu beurteilen. Die Zeichnung befindet sich während ihrer Entstehung in einem Zustand des labilen Gleichgewichts. Ist die optische Balance bedroht, hat man sofort zu reagieren.

Eine Texturzeichnung ist «immer fertig», und zwar schon nach wenigen Strichen. (Eine Bedingung, die man an den Wachstumsprozess jeder Zeichnung stellen kann.) Die Dauer des Arbeitsvorganges bestimmt die Sättigung der Textur.

Eine grosse handwerkliche Disziplin ist gefordert, soll die optische Ausgeglichenheit auch bei hoher Dichte der Textur gewahrt bleiben, denn es darf kein Strich durch einen abweichenden Charakter das Zusammenspiel stören.

Zwei Serien werden vorgestellt. In der ersten sind einzelne Texturblätter zusammengefasst, die als Vorlagen dienen für Grundübungen im Fach «Animationsfilm». In der zweiten Gruppe ist das Thema «Textur» Ausgangspunkt für die Entwicklung einer Variationsreihe.

Two opposing demands need to be brought together: the optical calm and balance of the whole field, and a relationship of each part to all the others in the most manifold and exciting relationship possible. Texture is a drawing without form, its emergence an instructive demonstration for how a drawing should grow: namely, in its entirety. Every stroke, every dot set down is always to be judged according to its relation to the whole. During its emergence, the drawing is in a state of unstable balance. If the optic balance is threatened, the drawer must react immediately.

A texture drawing is "always finished", that is to say, after just a few strokes. (This is one condition that can be set on the growth process of every drawing.) The length of time spent working determines the satiety of the texture.

A great degree of discipline in craftsmanship is required should the optical balance remain threatened also at a higher density of texture, because no stroke at deviance with the whole may be allowed to disturb the interplay.

Two series are presented here. In the first, single pages of texture have been placed together and serve as a presentation of basic exercises for the subject "Animated Film". In the second group, the theme "Texture" is the departure point for the development of these variations.

41 – 45: Texturblätter aus dem Fach «Filmgrafik»: Jeder Schüler entwirft eine Textur und unternimmt mit ihrer Hilfe seine ersten filmischen Versuche. Er animiert sie einzelbildweise unter der Trickkamera und gewinnt Erkenntnisse über das Entstehen von optischen Mischungs- und Bewegungseffekten auf der Leinwand oder dem Bildschirm.

41 – 45: Pages of texture from the subject "Film Graphics": Each student designs a texture and uses it in his first attempts at making a film. He animates the texture image by image with a movie camera and gains insight into creating effects of optical mixing and motion on the movie screen or TV monitor.

In allen Beispielen ist der Wachstumsprozess des optischen Geflechts sichtbar. Jede der Texturen hat zu einem je anderen Zeitpunkt ihren «idealen» Zustand erreicht, wobei offen bleibt, ob dieser tatsächlich erreicht wurde, erst noch bevorsteht oder vielleicht sogar schon überschritten wurde. Bis zum Schluss befindet sich die Textur in einem Zustand des labilen Gleichgewichts.

Allen Texturblättern gemeinsam ist eine zeichnerische Sprache, die ihre Artikulation weitgehend aus der Charakteristik des individuellen Werkzeugs herleitet.

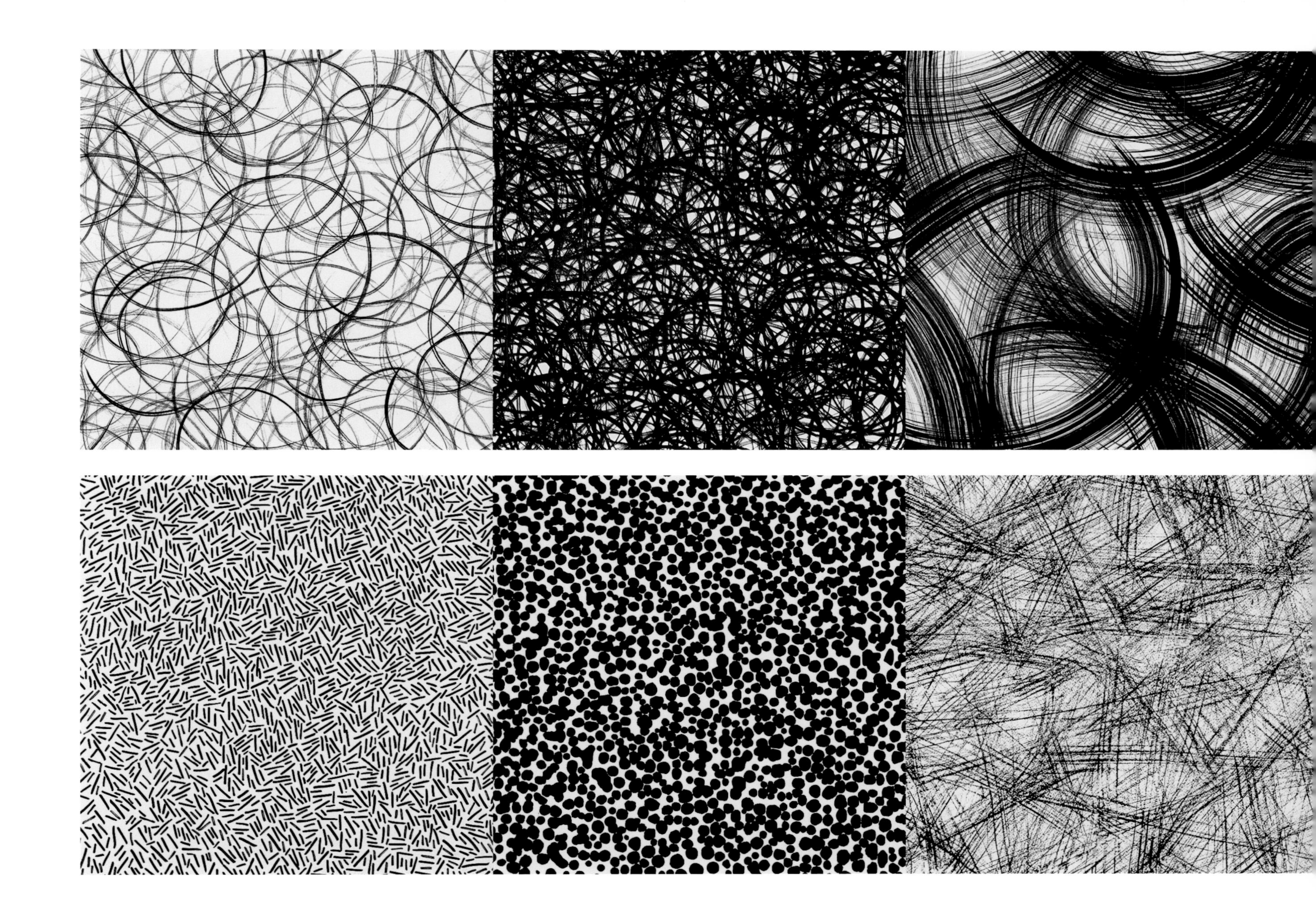

In all these examples, the growth process of the optical network can be seen. Each of the textures has reached, at one point or another, its "ideal" situation, while it is left open whether this "ideal" situation has actually been reached, is still to come, or has perhaps been passed. Up to the very end, the texture remains in a condition of unstable balance.
A graphic language that derives its articulation largely from the characteristics of the individual tool is common to all texture drawings.

41–45: Schüler der Filmkurse, 45 × 45 cm, Pinsel, Filzstifte, Kreide usw. / Film course students, brush, feltpen, chalk, etc.

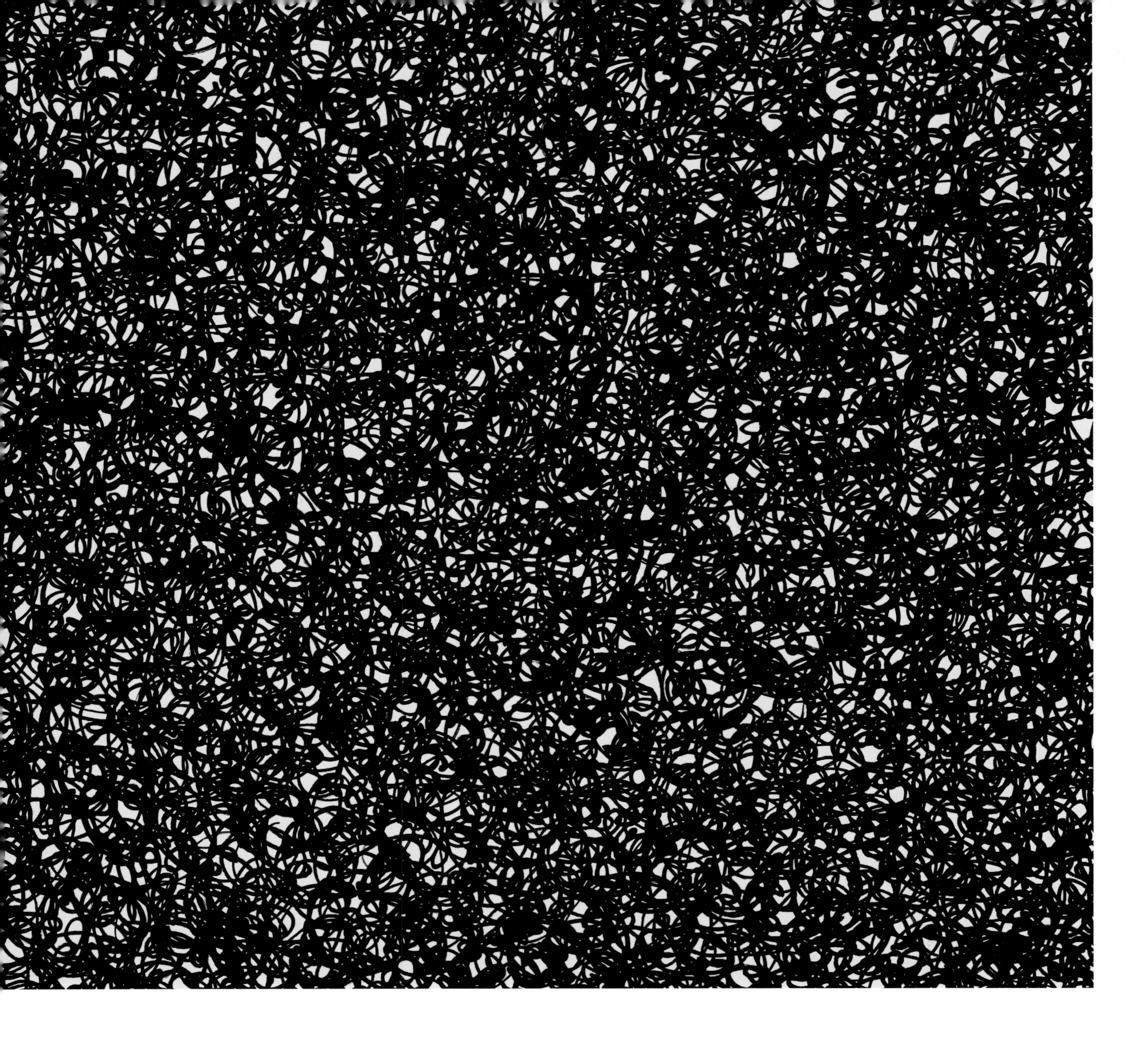

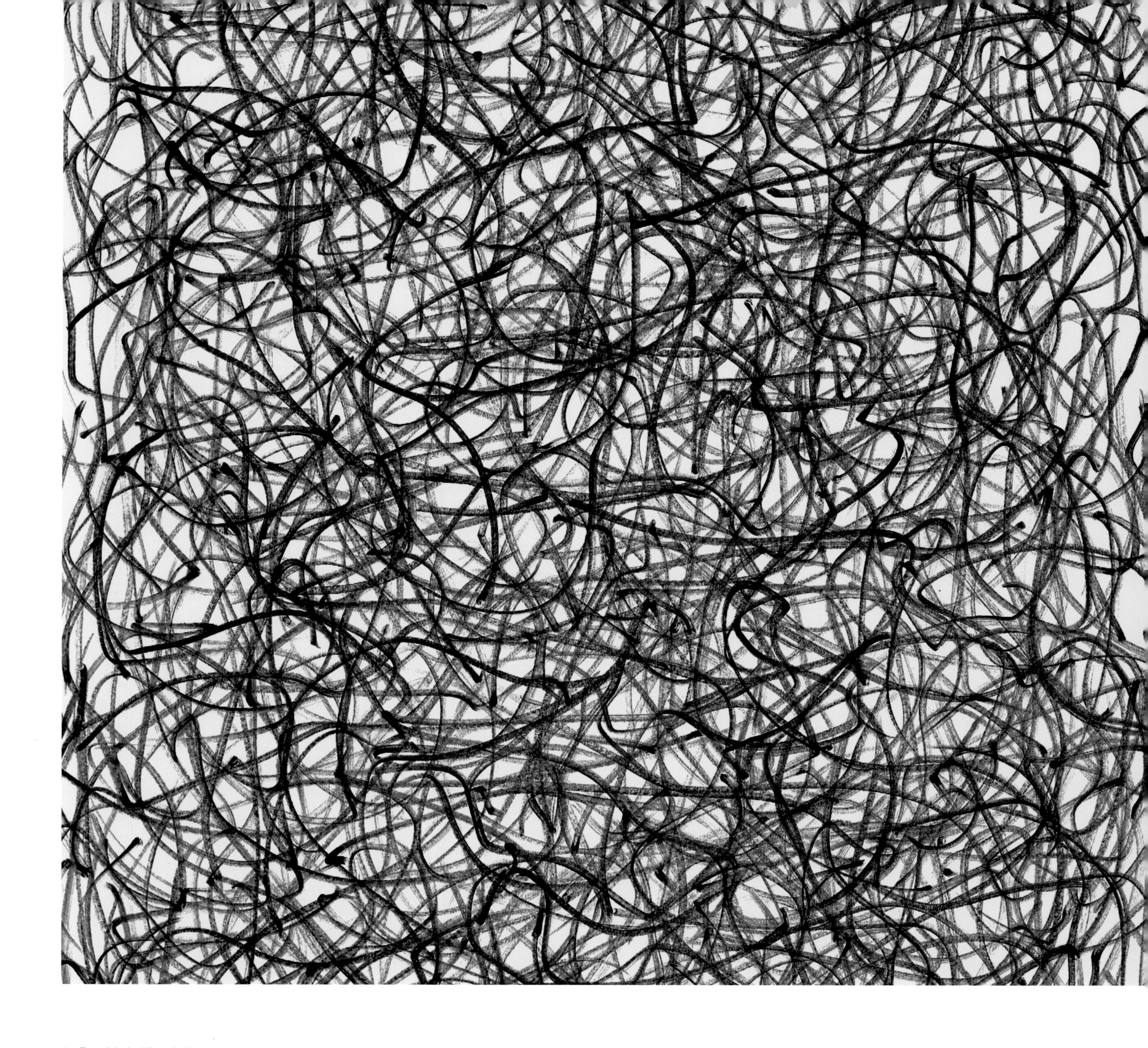

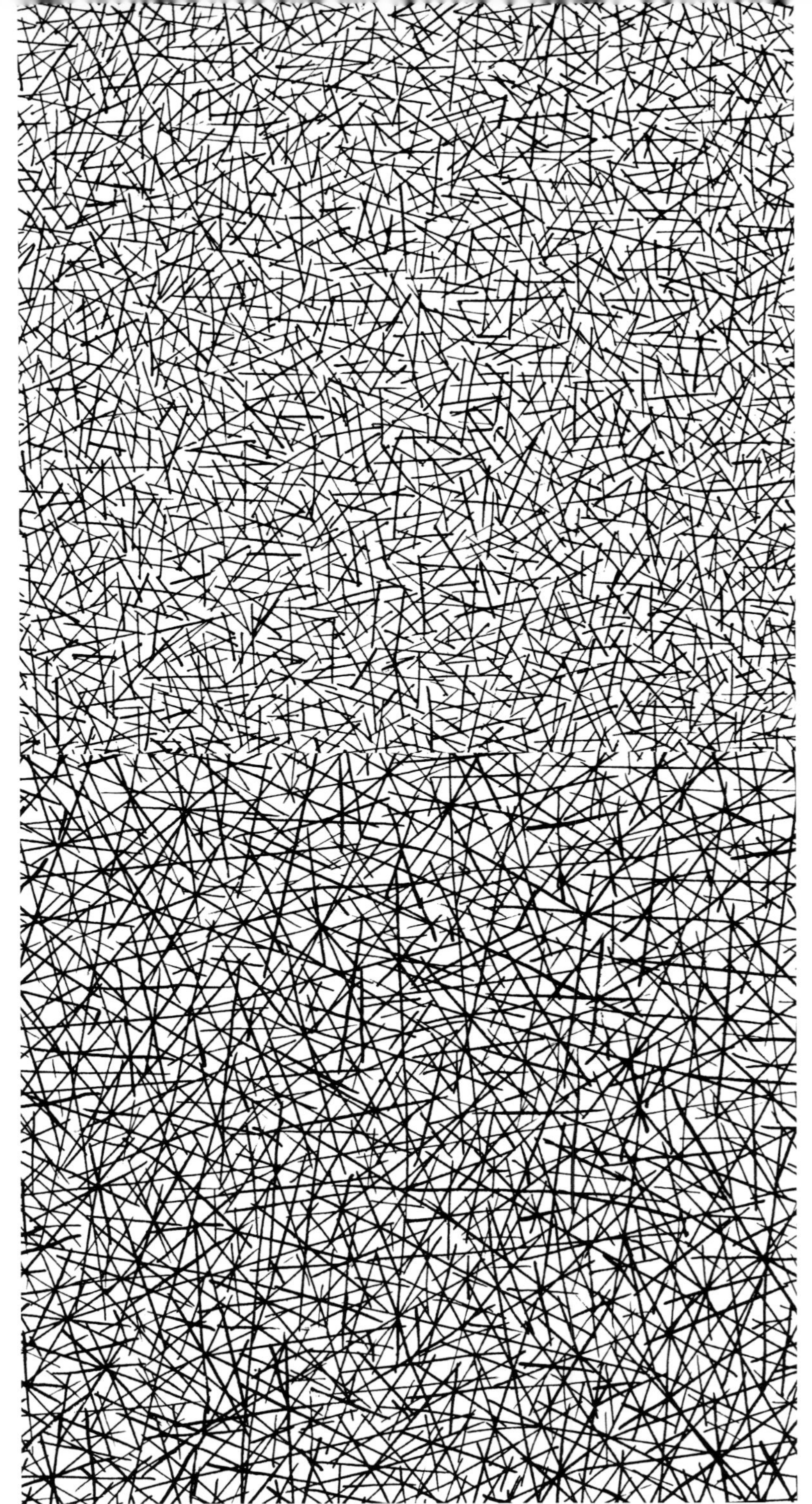

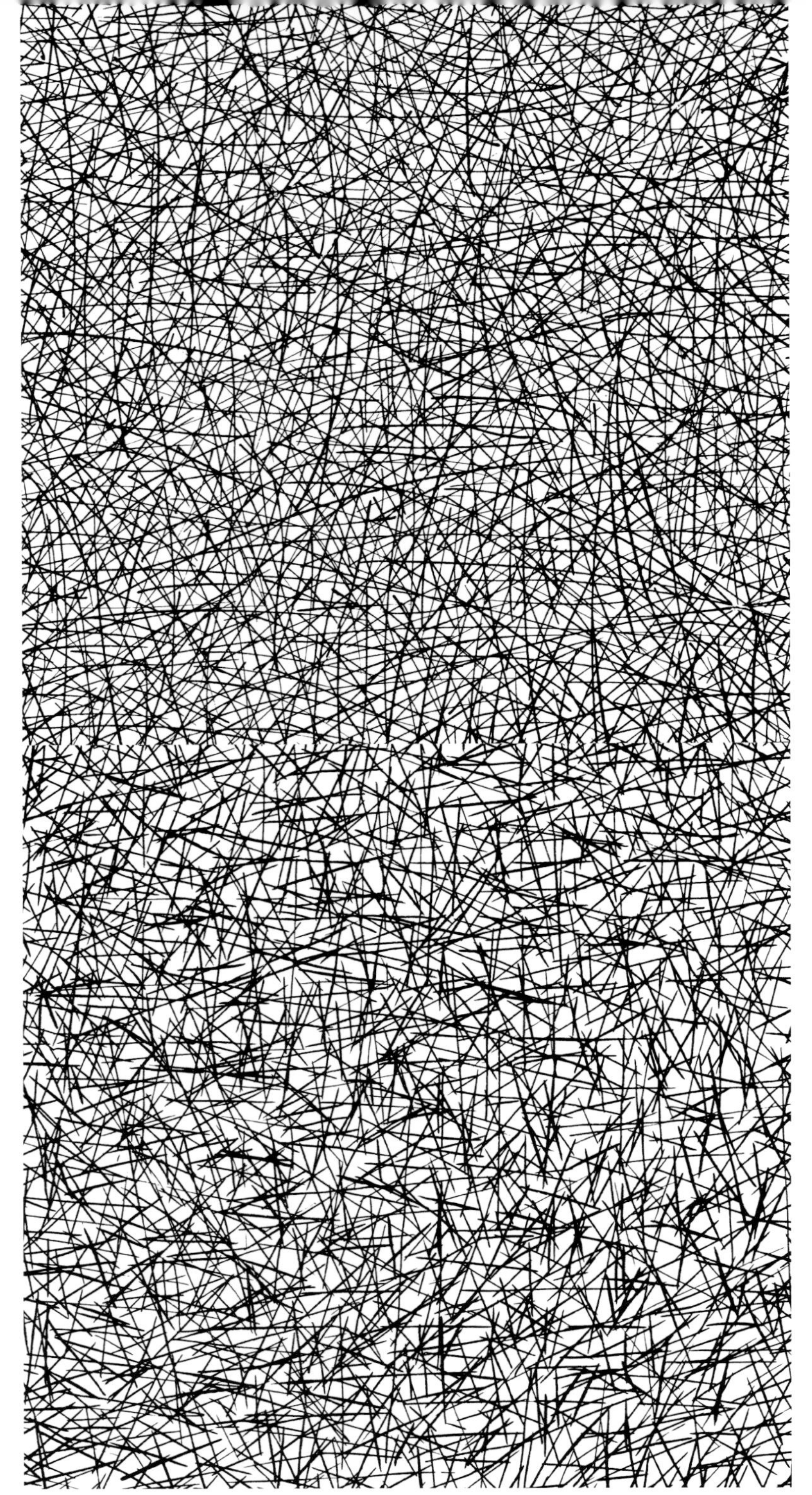

Das Thema «Textur» als Grundlage für eine Entwurfsübung im Grafikunterricht: Eine formale Ordnung wird definiert und eine Variationsreihe entworfen. Es sollen neue Formen der Textur gefunden werden, ohne dass dabei eine allen gemeinsame Charakteristik verlorengeht. Veränderte Strichlängen, Strichdicken, Betonungen und Krümmungsgrade verhelfen zu neuen Erscheinungsbildern. Das zweidimensionale Geflecht wandelt sich unter anderem zum Raumgitter oder wechselt von einem «textilen» zu einem «kristallinen» Ausdruck.

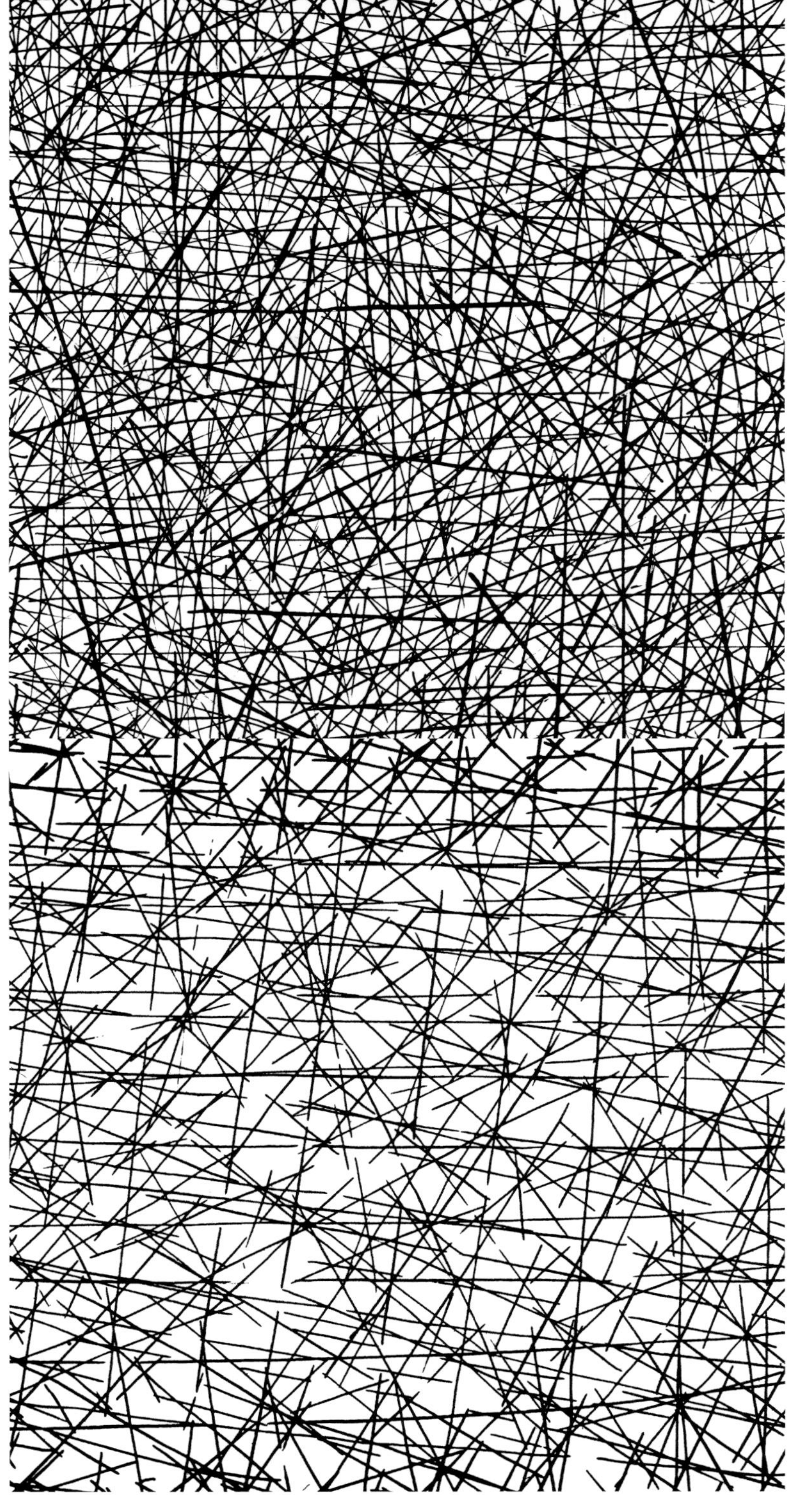

The theme "Texture" as the basis for a design exercise in a graphics class: a formal order is defined and a series of variations designed. New forms of texture are to be found without losing in the process any of the characteristics they have in common. Altered length and width of the drawing stroke, stress and degree of curve are used to help find new images. The two-dimensional network transforms into, among other things, a spatial grid, or changes from a "textural" to a "crystalline" expression.

Birgit Geisler, 20 × 20 cm, Feder und Tusche / Nib and ink.

Zwischen Planung und Intuition

Between Planning and Intuition

Kurs: Raum- und Körperzeichnen
Course: Drawing, Space and Figure

Lehrer / Instructor:
Mario Bollin

Fachbereich:
Basis Erweiterungsklassen
Department:
Foundation Program 2

Der Beginn einer Zeichnung ist wie der Aufbruch zu einer Forschungsreise. Man versucht, sich über den Grund der Reise klar zu werden, und lässt offen, wohin sie führt. Die Dinge, die unterwegs geschehen, beeinflussen oder verändern den Verlauf. Ob man das Ziel erreicht oder erreicht hat, ist nicht mit Gewissheit festzustellen. Möglicherweise hat man es verpasst, vielleicht liegt es noch vor einem.

Im Fach «Raum- und Körperzeichnen» wird der Versuch unternommen, sich von der Vorstellung eines Resultats zu lösen und im Entwicklungsprozess selbst das Ziel zu sehen.

Das Zeichenfeld wird intuitiv mit Punkten und Linien besetzt, und langsam wächst darin ein Raumgitter. Indem fortwährend die Spielregeln neu formuliert werden, verwandelt sich spontanes Reagieren in bewusstes Agieren. Ziel ist ein sich unablässig wandelnder und langsam verdichtender Raumentwurf.

Beginning a drawing is like taking off on an expedition. One tries to become clear about the reason for the journey and then leaves the destination open. Things seen along the way influence or alter the course. Whether or not the goal has been reached cannot be said with certainty. Perhaps one has passed it, perhaps it still lies ahead.

In the subject "Drawing, Space and Figure", the object is to let go of one's notion of a result and to see the development process itself as the goal.

The drawing field will be filled intuitively with points and lines, and gradually a spatial grid will grow. In the constant reformulation of the game rules, spontaneous reactions are transformed into conscious actions. The goal is an incessantly changing and slowly compressing spatial design.

Mit dem Fotokopierer sind die Entwicklungsschritte einer Raumphantasie festgehalten. Der Zeichner beginnt ohne eine bestimmte Zielvorstellung. Die ersten Linien lassen den Bildraum erahnen. Dann entwickelt sich schrittweise ein Raumgitter, in dem sich Formideen konkretisieren können.

Steps in the development of a spatial fantasy are recorded with a photocopier.
The drawer begins without a definite idea of the goal. The first lines anticipate the suggestion of space. Then, step by step, a spatial grid is developed within which formal ideas can materialize.

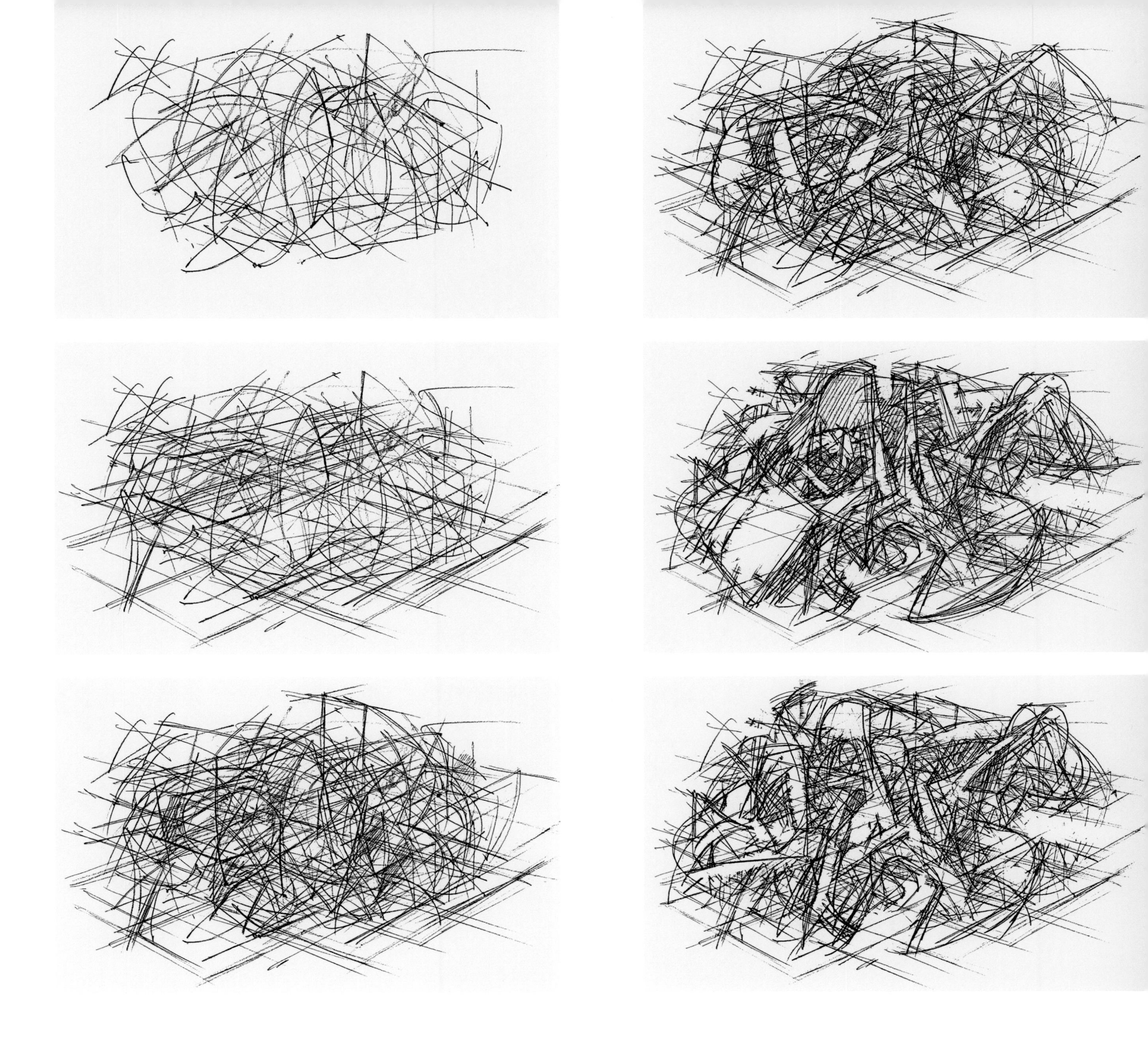

Das Früh- und das Endstadium eines Raumentwurfs: Der Verlauf des zeichnerischen Prozesses ist bestimmt durch ein fortwährendes Spekulieren darüber, wie neue überraschende Formen zu gewinnen sind. Auch das Ende bleibt unklar, ist nur ein Zwischenstadium und hat provisorischen Charakter, denn die Suche nimmt mit neuen Entwürfen ihren Fortgang.

Beginning and end phases of a spatial design: the course of the drawing process is determined by continuous speculation about how new and surprising forms can be obtained. And the end remains unclear. It is only an intermediate phase and has a provisional character, because the search progresses with new works.

49–51: M. B., 16 × 23 cm, Bleistift / Pencil.

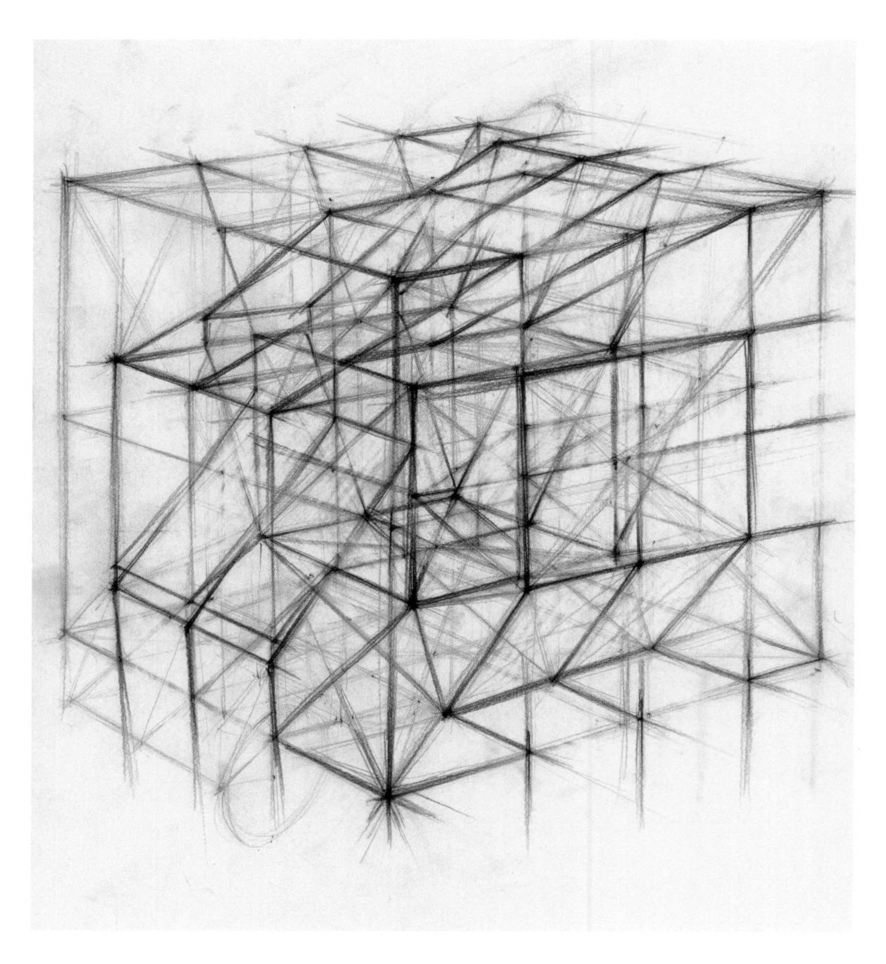

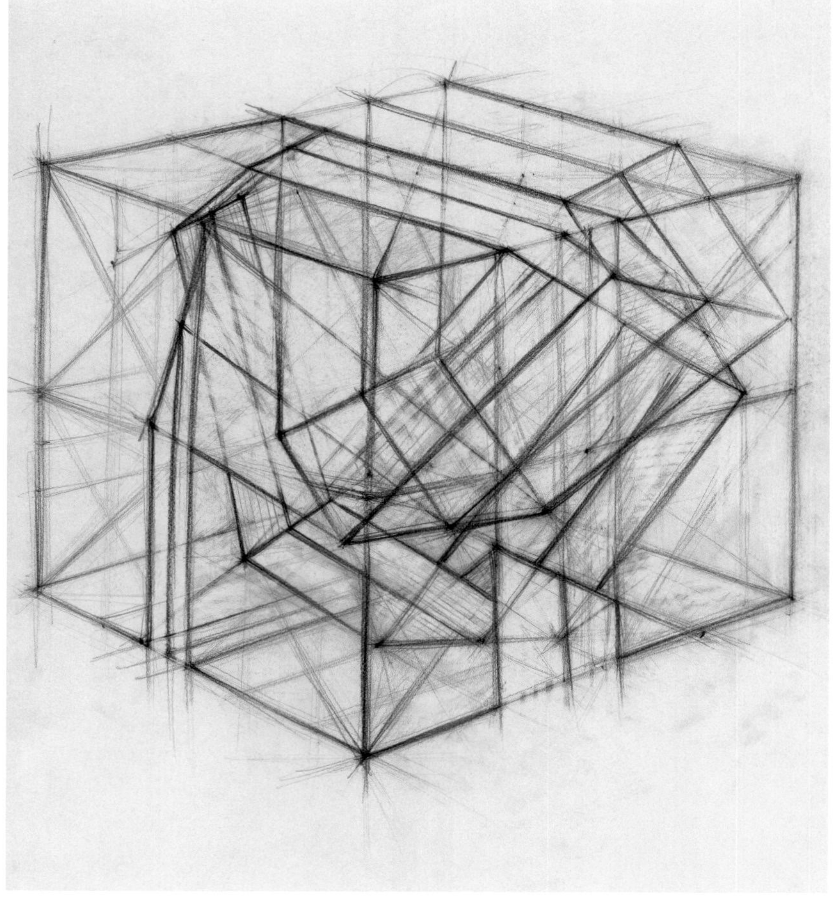

Die zeichnerische Raumphantasie entzündet sich am Bild eines Quaders. Sie dringt in sein Inneres vor. Linien ertasten Ebenen und zeigen räumliche Zusammenhänge auf. Gebunden an die Regeln der Zentralperspektive hat jede Linie, auch wenn sie völlig frei gesetzt ist, eine bestimmte raumbildende Funktion, und zwar dann, wenn es gelingt, sie mit Hilfe weiterer Linien logisch ins Raumgitter zu integrieren. Spielerisch wird so das Innere des Würfels offengelegt. In weiteren Versuchen wird nun auch die Hülle des Quaders durchstossen, und die Aussenform verändert unter dem Druck, der im Inneren entstanden ist, seine Gestalt.

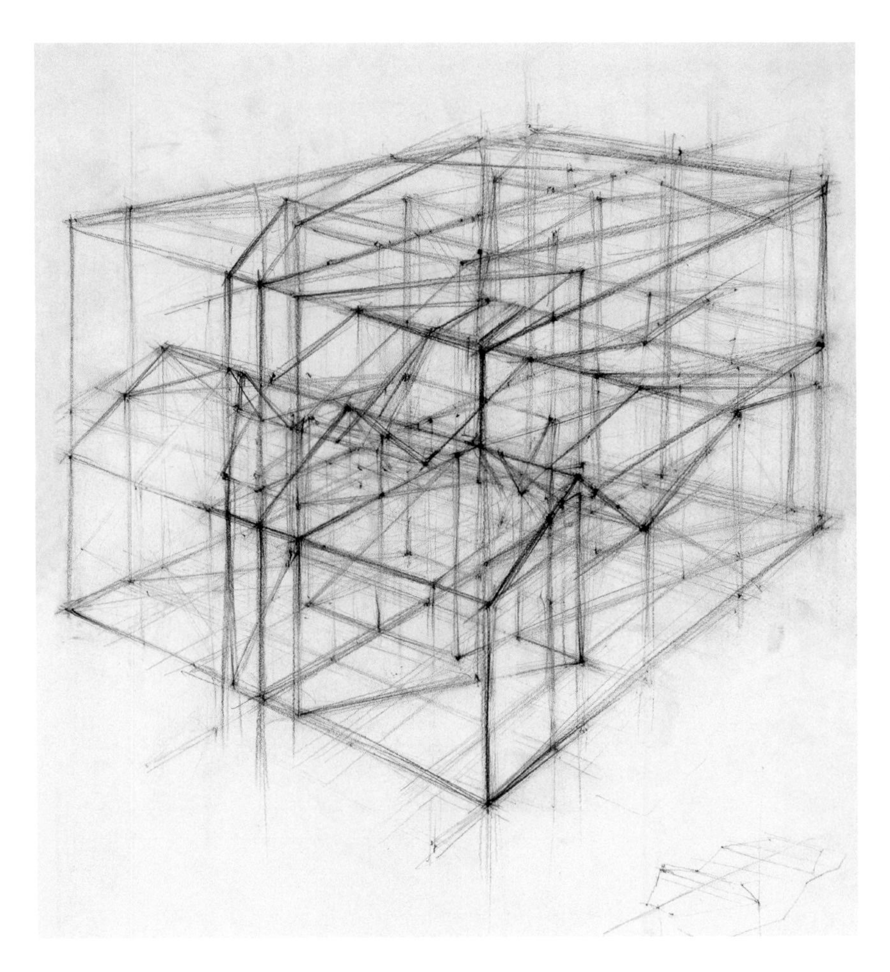

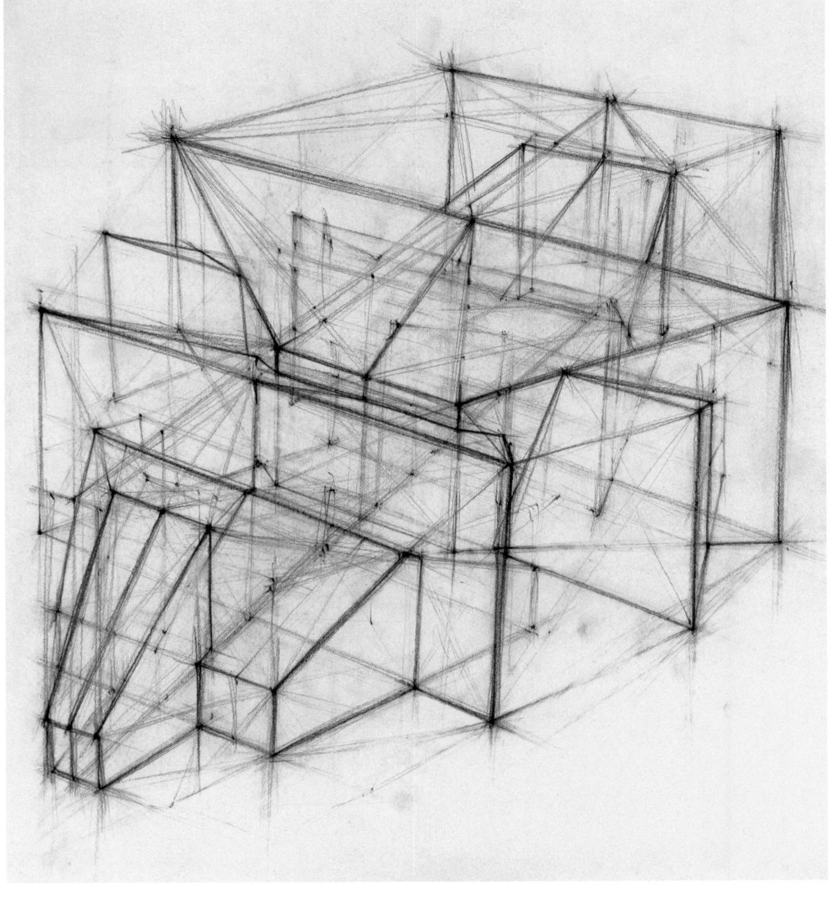

A graphic spatial fantasy is sparked by the image of a cube and penetrates to its heart. Lines feel out planes and reveal spatial connections. Bound to the rules of vanishing-point perspective, every line, even if it is set down in a completely unrestrained way, serves a definite spatial function – that is, if it succeeds in logically integrating, with the assistance of other lines, into the spatial grid. The interior of the cube is in this way playfully revealed.

In further experiments, the sheath of the cube is broken through and the exterior changes its form under the pressure produced inside.

Bernard Voïta, 59,4 × 42 cm, Bleistift / Pencil.

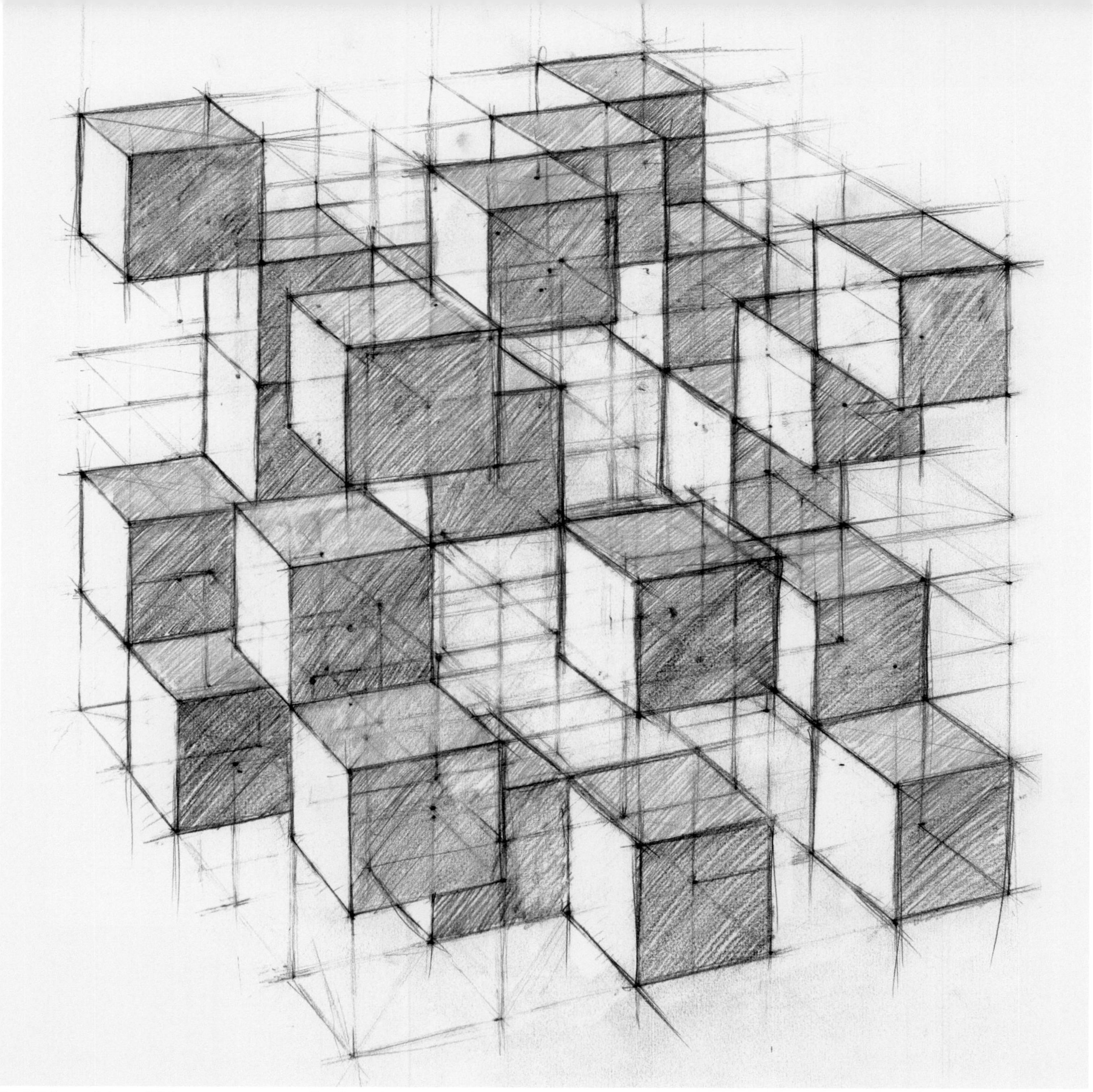

Der Zeichner wird zum Bildhauer; er schneidet mit Linien Teile aus dem Quader, legt die Binnenstruktur frei und sucht nach neuen Formzusammenhängen.

The drawer becomes a sculptor; he uses lines to cut sections out of the cube, reveals the inner structure, and searches for new formal connections.

Marco Ritter, 59,4 × 42 cm, Bleistift / Pencil.

Aufbauen und umschichten

Building Up and Restructuring

Kurs: Zeichnen von Naturformen
Course: Drawing, Nature

Lehrer / Instructor:
Manfred Maier

Fachbereich:
Basis Erweiterungsklassen
Department:
Foundation Program 2

Ein Lineament mit dem Stift herstellen und mit dem Radiergummi eingreifen, es teilweise wieder abtragen und erneut aufschichten. Die Zeichnung ist Baustelle und Steinbruch zugleich. In den Spuren der Umbauten sucht man nach dem Keim neuer, konstruktiver Ideen. Die Zeichnerin ist zugleich Architektin und Archäologin.

Im Fach «Zeichnen von Naturformen» wird die Arbeit mit ungegenständlichen Texturübungen eingeleitet, die in den besonderen Umgang mit Bleistift und Radiergummi einführen. Die negative, weisse Spur des Gummis wird zur Trägerin des Lichts im Geflecht der positiven, dunklen Linien, mit denen der Bleistift die Schattenpartien besetzt.

Nicht nur in der einzelnen Zeichnung zeigt sich das Prozesshafte des Entwurfsvorganges, sondern auch in der Anlage langer Entwurfsreihen. Eingeschränkt auf den immer gleichen Abbildungsgegenstand, auf ein bestimmtes Format und die gleichen Zeichenwerkzeuge, sollen für die Zeichnerin die Veränderungen in ihrer Artikulationsfähigkeit transparent werden.

Producing a lineament with the pencil, intervening with the eraser to partially clear it away, and building the layers up anew. The drawing is at once construction site and quarry. In the tracks of the renovation and development, the seed of new constructive ideas is sought. The drawer is simultaneously architect and archaeologist.

In the subject "Drawing, Nature", work begins with nonobjective texture exercises that lead to the special interaction of pencil and eraser. The negative white track of the eraser becomes a bearer of light in the network of positive dark pencil lines that fill the shaded side.

The process of designing is visible not only in the individual drawings, but can also be seen in the larger series as a whole. Limited to the same represented object in each case, a predetermined format and the same drawing tools, the drawer should clearly see the change in her ability to articulate.

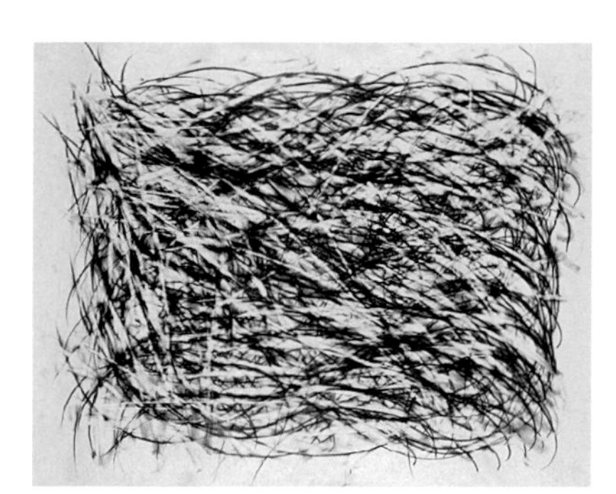

Texturübungen stehen am Beginn. Bleistift und Radiergummi sind gleichwertige Werkzeuge und erzeugen ein besonderes formales Vokabular, das aus positiven und negativen Linien besteht. Dieses wird auf die Darstellung von Objekten aus der Natur übertragen.

At the beginning are texture exercises. Pencil and eraser are tools of equal worth and produce a special formal vocabulary out of positive and negative lines. This vocabulary is transmitted to the representation of objects from nature.

56: Andrea Hildbrand, ca. 65 × 80 cm, Bleistift und Radiergummi / Pencil and eraser.

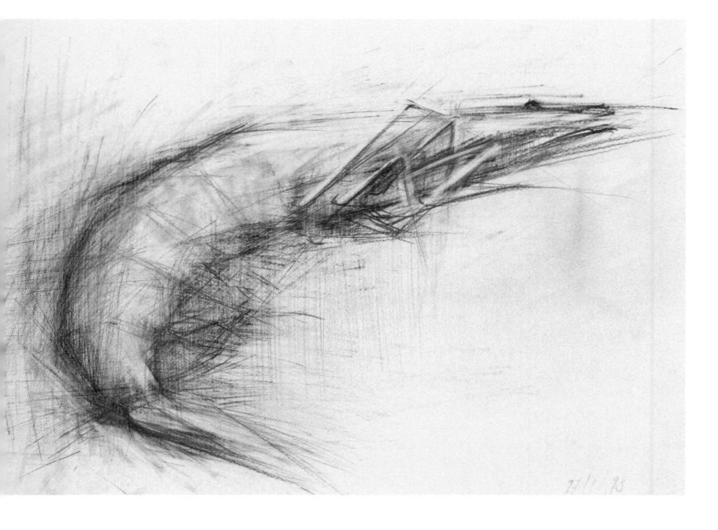

57–59: Die Zeichnerin erprobt verschiedene Ansichten und baut mit der Hilfe von Licht und Schatten die Form auf. Die negativen Radiergummispuren und die positiven Bleistiftlinien bleiben nicht in den Umrissen gefangen, sondern greifen in spontaner Bewegung über sie hinaus und können die Grundlage sein für neue zeichnerische Ordnungen und Kompositionen.

57–59: The drawer tries out various views and builds the form up with the help of light and shade. The negative eraser tracks and the positive pencil lines do not stay inside the outlines but reach outside with spontaneous movements for new graphic orders and compositions.

57–59: Muriel Comby, 29,7 × 42 cm, Bleistift und Radiergummi / Pencil and eraser.

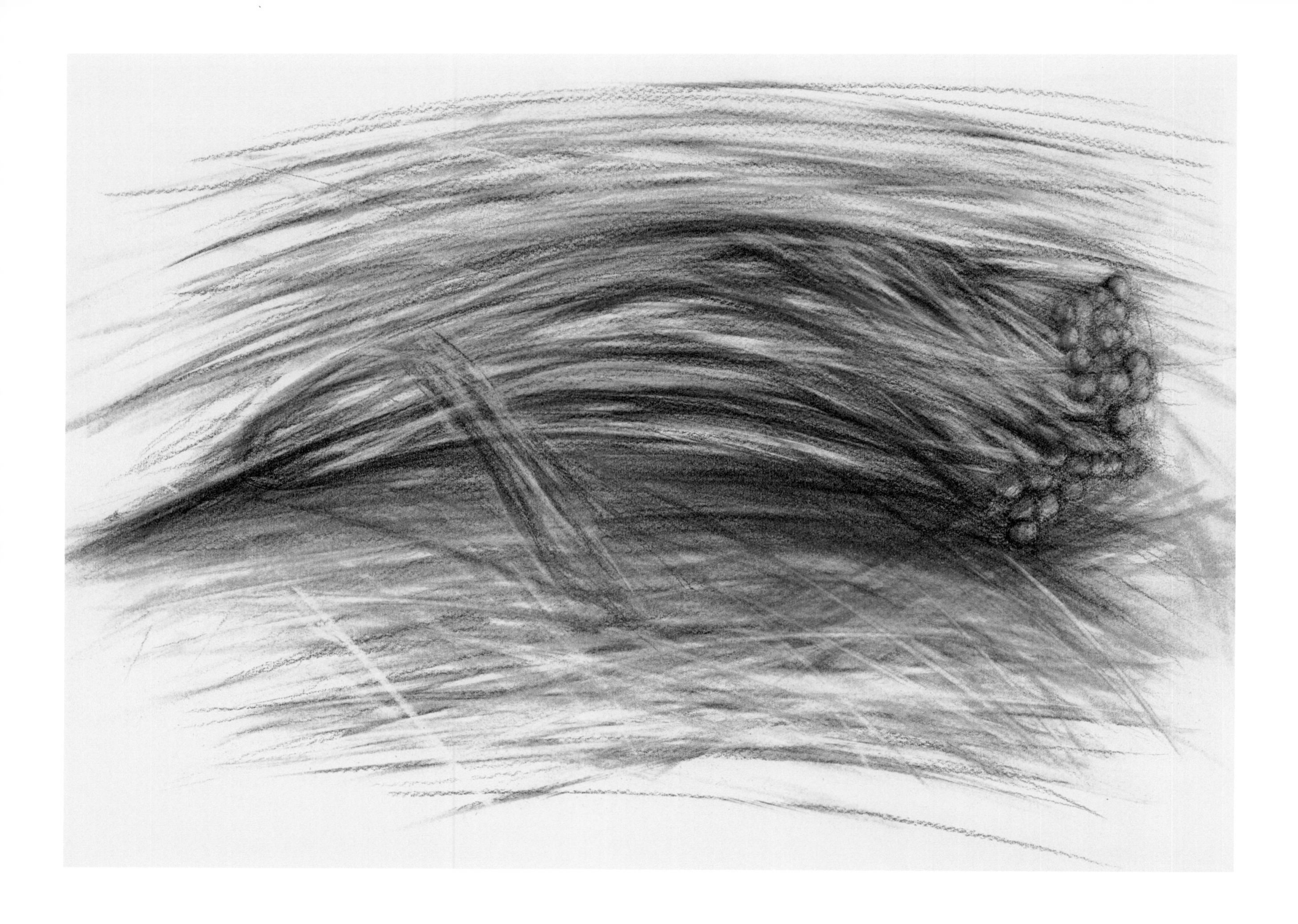

Die Ansicht des Gegenstandes bleibt während mehrerer Versuche unverändert, wenn es, wie bei diesem Beispiel, darum geht, feine zeichensprachliche Differenzierungen zu untersuchen.

The view of the object remains unchanged for several experiments when the goal is, as in these examples, to investigate the fine differentiation of graphic language.

Daniela Theiler, 29,7 × 42 cm, Bleistift und Radiergummi / Pencil and eraser.

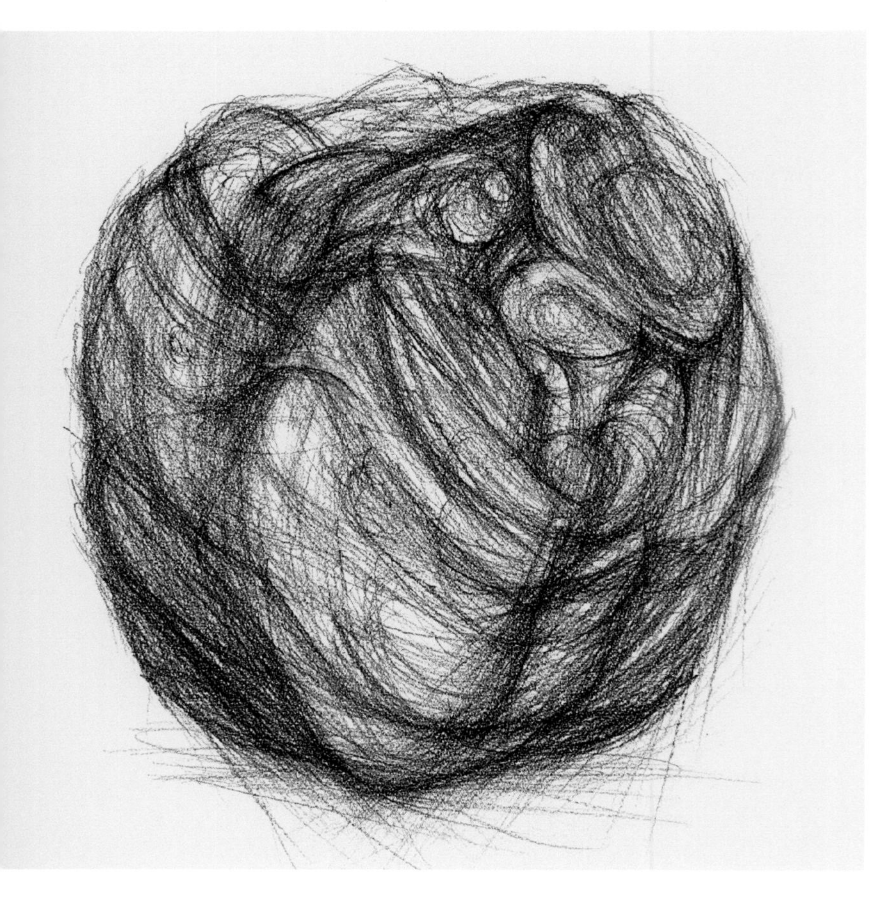

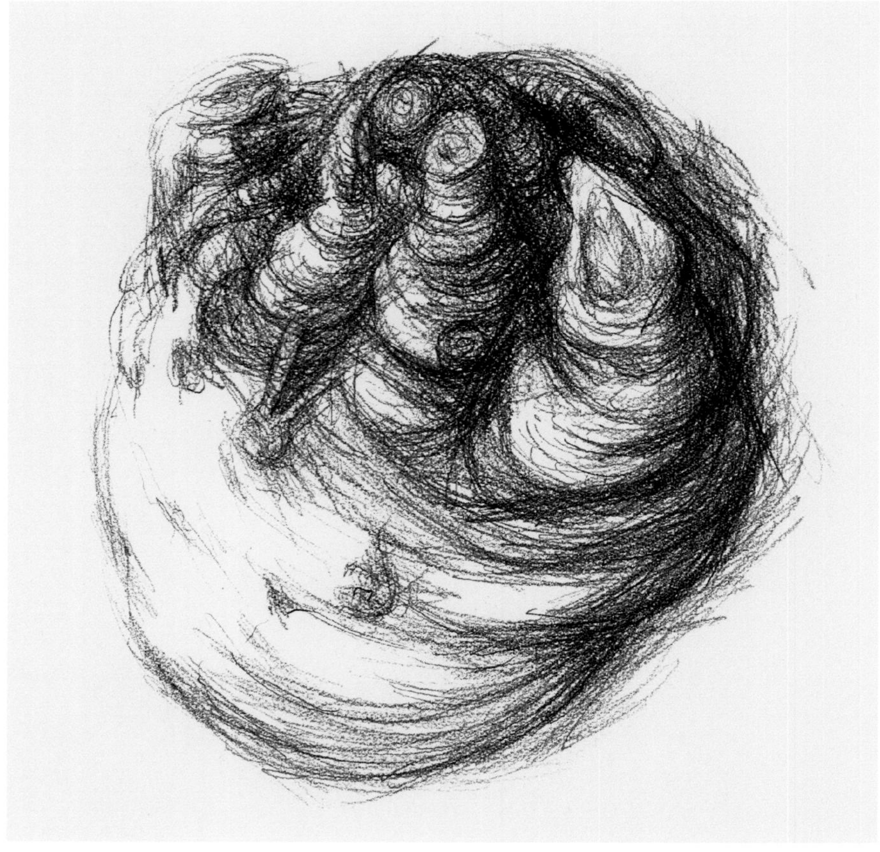

Das Objekt und seine Darstellung scheinen ineinander aufzugehen. Die Linien folgen den knolligen Krümmungen der Selleriewurzel. Der zeichnerischen Sprache gelingt es damit, einen zentralen formalen Aspekt des Gegenstandes zu verdichten.

The object and its depiction appear to merge with one another. The lines follow the bumpy curve of the celery root. With this, the graphic language succeeds in compressing one central formal aspect of the object.

62 / 63: Claude Borer, 42 × 29,7 cm, Bleistift / Pencil.

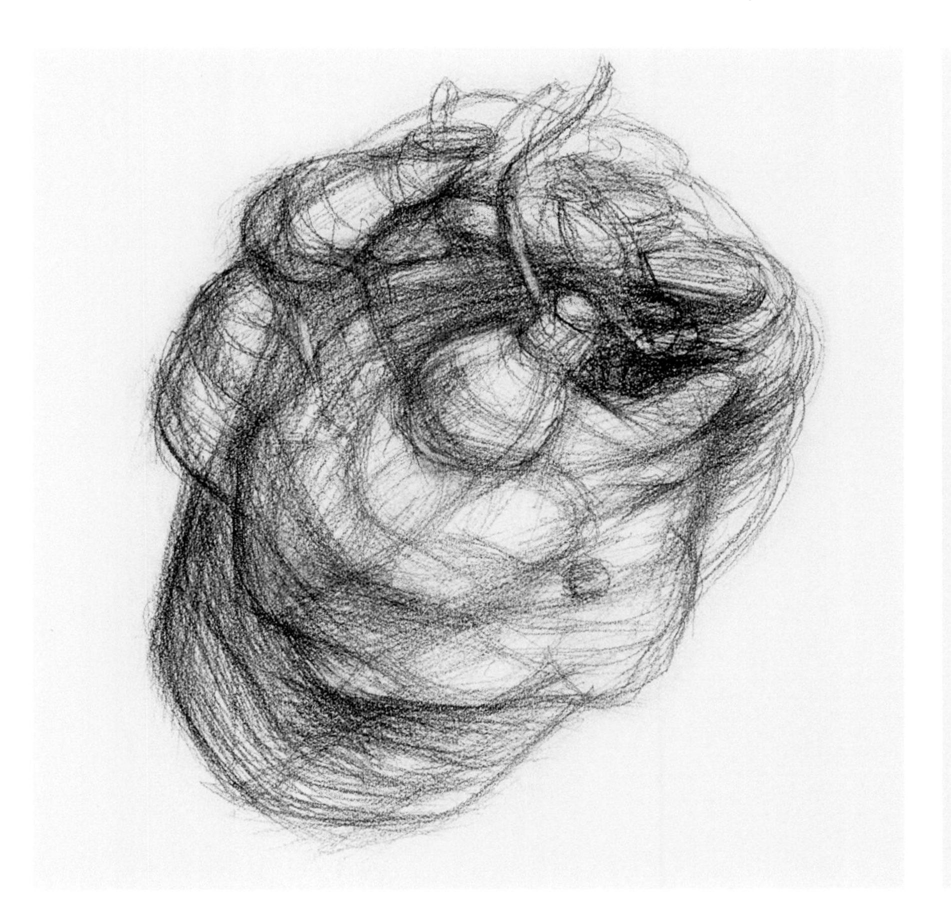

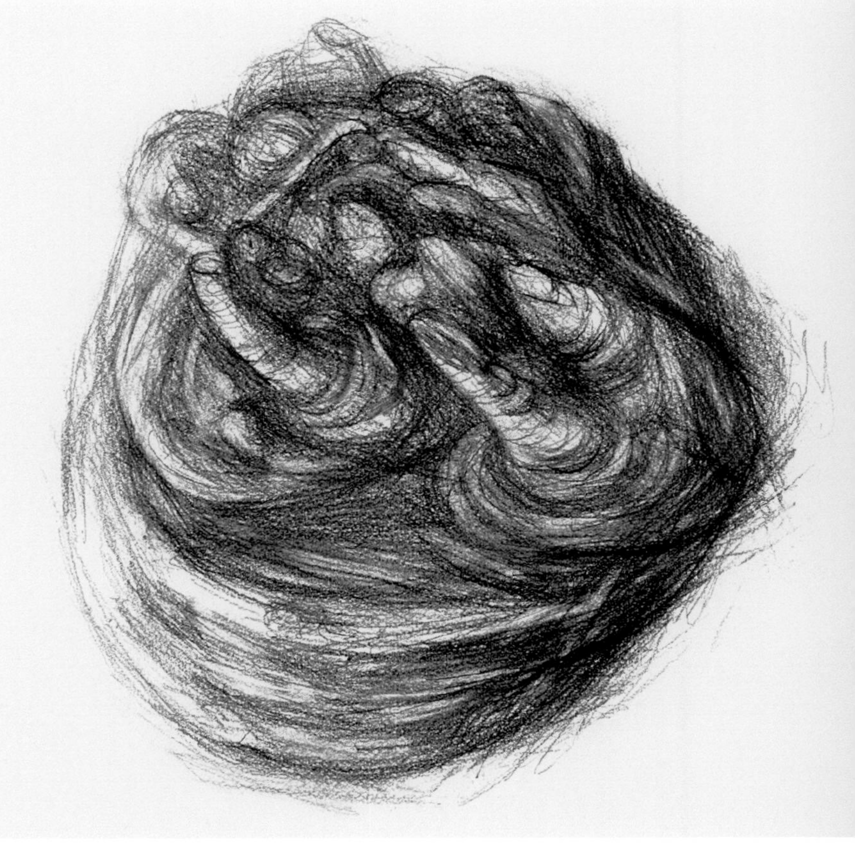

64/65: Den räumlichen Schichtungen und der grossen plastischen Form gilt das Hauptinteresse der Zeichnerin.

64/65: Spatial layering and large sculptural form are the drawer's primary interest.

64/65: Marianne Lichtin, 38 × 29,7 cm, Bleistift / Pencil.

2

Material Material

Die Linie auf der gekörnten Oberfläche

The Line on the Granular Surface

Kurse:
Zeichnen Umsetzen,
Licht und Schatten
Courses:
Drawing, Translation,
Drawing, Light and Shadow

Lehrer / Instructor:
Peter Olpe

Fachbereiche:
Weiterbildungsklasse für Grafik,
Fachklasse für Grafik
Department:
Advanced Class for Graphic Design,
Graphic Design (Undergraduate)

Man wägt das Gewicht des Stiftes, prüft seine Spitze und fährt mit der flachen Hand über die Oberfläche des Papiers. Wie beim Kochen kristallisiert sich beim Zeichnen der Charakter des Produkts an der Art und Qualität der Zutaten heraus, die man sich zurechtgelegt hat. (Mit dem kleinen, aber wichtigen Unterschied, dass beim Kochen mit schlechten Zutaten nichts zu gewinnen ist.) Thema der drei verschiedenen Serien von Arbeiten ist der «materialbedingte Unterschied». Und zwar der Unterschied der Spuren verschiedener Werkzeuge oder der unterschiedlichen Handhabung eines einzigen Werkzeuges.

In der ersten Gruppe von Arbeiten mit ungegenständlichen Themen wird eine formale Ähnlichkeit mit Hilfe des Zeichenmaterials aufgelöst oder differenziert. Die Besonderheit des Materials und die Behandlung der zeichnerischen Oberfläche treten am prägnantesten hervor, wenn eine starke und dominierende Formverwandtschaft den Vergleich erleichtert.

In der zweiten Gruppe, in der Übungsblätter mit Laubdarstellungen zusammengefasst sind, wird das Zeichenwerkzeug zum Inspirator der Umsetzungsarbeit. Mit jedem neuen Entwurf wird untersucht, in welcher Form die Linie und der Fleck etwas über die Beschaffenheit des Objektes aussagen können. Das Motiv ist bewusst einfach gewählt und unräumlich in einer Frontalansicht dargestellt, so dass keine schwierigen Formprobleme auf Grund von Verkürzungen entstehen können. Wie reagiere ich nun als Zeichnerin mit meinem Formvokabular und ohne Zuhilfenahme der Farbe (die für ein Herbstblatt sehr bestimmend ist) auf das, was an der Oberfläche und an den Rändern zu sehen ist?

Das Thema der dritten Gruppe von Arbeiten ist die Darstellung eines glatten oder einmal gefalteten Papierbogens. Was tun mit der Linie, die das zeichnerische Mittel ist, wenn man Formen und Oberflächen beschreiben soll, die ausser wenigen Konturen kaum lineare Charakteristika aufweisen? Wie sind Licht und Schatten in eine lineare zeichnerische Sprache umzusetzen?

One assesses the weight of the drawing implement, checks its point, and runs the flat hand over the surface of the paper. As with cooking, the character of the product takes shape from the kind and quality of the ingredients one uses (with the small but significant difference that, in cooking, nothing is to be gained from bad ingredients). The theme of these three different series of works is "material-contingent differences", namely the difference in the tracks made by various tools, or the difference in the handling of a tool.

In the first group of works with nonobjective themes, a formal similarity is either dissolved or differentiated with the help of the drawing material. The peculiarity of the material and the treatment of the drawing surface emerges most succinctly when a strong and dominating formal relationship makes the comparison easier.

In the second group, in which exercises depicting leaves have been assembled, the drawing tool becomes the inspiration for the interpretation. With each new work, the drawer investigates the way in which the line and the dot can express something about the nature of the object. The motif is deliberately simple and is represented flatly from a frontal view, preventing difficulties with foreshortening. How do I react now, as the drawer, with my formal vocabulary and without the aid of color (which is very defined for an autumn leaf), to what can be seen on the surface and at the edges?

The theme of the third group of works is the representation of either a smooth sheet of paper or one that has been folded over once. What is to be done with the line, which is the drawing medium, if one is to describe forms and surfaces that, beyond a few contours, demonstrate almost no linear characteristics? How are light and shadow to be translated into a linear graphic language?

Auftragen und wegkratzen. Die formale Ähnlichkeit der beiden Elemente wird durch einen Eingriff in die zeichnerische Feinstruktur differenziert und damit die Gegenüberstellung in Schwingung versetzt.

Applying and scratching off. The formal similarity between the two elements is differentiated by intervening in the graphic microstructure, thus causing opposite forces to oscillate.

Jaqueline Kachmann, 25 × 29,7 cm, Lithokreide / Lithographic chalk.

70: Gleiche Form und gleiches Werkzeug, aber unterschiedliche Behandlung der inneren und der äusseren Kreiszone. Der Bleistiftstrich wechselt zwischen hart und weich, wenn der Stift unterschiedlich geführt wird.

71: Zweimal Zeichentusche; einmal mit der Feder und einmal mit dem Finger aufgetragen.

70: Same form and same tool, but a different handling of the interior and exterior spheres. The pencil stroke alternates between hard and soft as the pencil is guided in various ways.

71: Drawing ink in both cases: applied once with the pen and once with the finger.

70: Olga Burkard, 30 × 30 cm.
71: Jean Craig-Teerlink, 12 × 12 cm.

Gleiches und Gegensätzliches. Das linke Beispiel wurde mit einer Lithokreide, das rechte mit einem Borstenpinsel und schwarzer Farbe ausgeführt. Die Ähnlichkeit ist beabsichtigt und in den unteren, scharf konturierten Feldern soweit hergestellt, dass die Materialdifferenz unsichtbar wird. In der «Krone» hingegen zeigen sich die unterschiedlichen Auswirkungen der beiden Werkzeuge deutlich.

The same and the opposite. The example on the left was executed with lithographic chalk; the example on the right was done with a bristle brush and black paint. The similarity is intentional and the lower sharply contrasting fields have been largely produced in such a way that the difference in material is invisible. In "Crown" the different effects of the two tools can be clearly seen at the freely terminated edges.

Katharina Miriam Schmidt, 29,7 × 29,7 cm.

Die Übungsblätter sind Beispiele dafür, wie das Zeichenwerkzeug die Umsetzungsarbeit anregen kann. Es wird untersucht, in welcher Form seine Spuren etwas über die Form oder die Oberflächenbeschaffenheit des Blattes aussagen können. Das Motiv ist bewusst einfach gewählt und wird flächig in einer Frontalansicht dargestellt, so dass keine schwierigen räumlichen Probleme auftreten können.

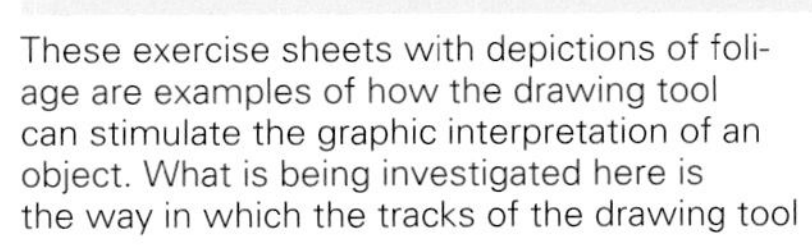

These exercise sheets with depictions of foliage are examples of how the drawing tool can stimulate the graphic interpretation of an object. What is being investigated here is the way in which the tracks of the drawing tool can impart something about the form or about the surface qualities of the leaf. The motif is purposely simple and has been represented flatly and from a frontal perspective, so that no difficulties with spatial problems would arise.

Demetris Kokkinolambos, 29,7 × 21 cm,
Bleistift / Pencil.

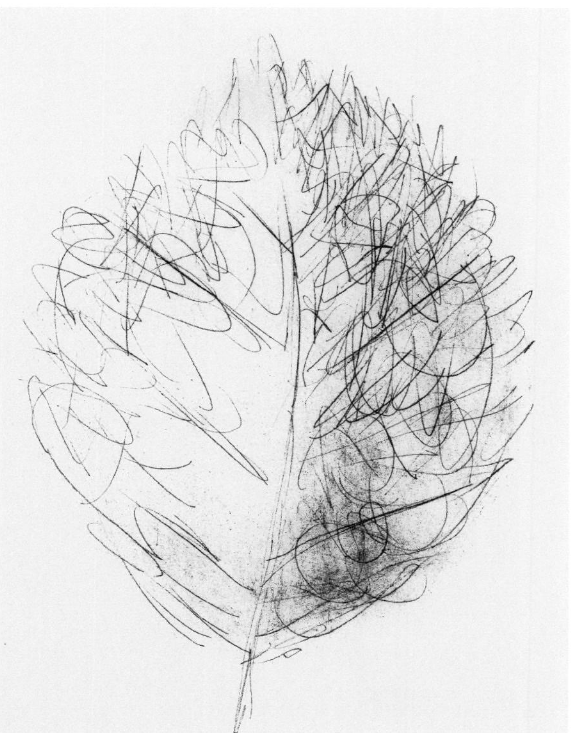

Die Strukturen des Laubblattes, Linien, Flecke und Flächen werden zur Inspiration für den Umgang mit dem Zeichenmaterial.

Leaf structures, lines, dots and planes become the inspiration for dealing with the drawing material.

76: Maria Trillidou, 29,7 × 21 cm, Tusche / Ink.
77: Cindy Phillips, 29,7 × 21 cm, Lithokreide / Lithographic chalk.

78–83: Ein weisses Papier steht vor weissem Grund. Das Licht streicht über die Form und macht die Ebenen und die räumlichen Schichtungen sichtbar. Ein beinahe «normiertes» Formelement, eine Linie bestimmter Länge und Intensität, baut die Darstellung auf. Sie gibt die Regeln vor, nach denen die Zeichnung sich zu entwickeln hat. In verschiedenen Versuchen werden neue Zeichenmaterialien oder Strichqualitäten erprobt; härtere, feinere, weichere, dunklere usw. Die Körnung des Papiers ist eine weitere Variable und kann, tritt sie in extremer Form auf, den Strichcharakter auflösen.

78–83: A sheet of white paper stands before a white ground. The light strikes the form and reveals the planes and the spatial layering. An almost "standardized" formal element, a line of definite length and intensity, constructs the image. It sets the rules according to which the drawing must develop. In the various experiments, new drawing materials or qualities of strokes are tried out: harder, finer, softer, darker, etc. The grain of the paper is a further variable and can, if its presence is extreme, dissolve the character of the mark.

Die Linien können der Form folgen, sie betonen und die Räumlichkeit verstärken oder unabhängig, wie ein freier Raster, die Flächigkeit der zeichnerischen Oberfläche herausstellen.

Lines can follow the form, emphasize it, reinforce the sense of space or, independently, stress the flatness of the drawing surface like a free grid.

78–81: Stefan Saumer, 35 × 40 cm, Bleistift, Graphitstift, Lithokreide / Pencil, graphite, lithographic chalk.

82/83: Drei zeichnerische Versuche des Sichtbarmachens von minimalen Raum-, Licht- und Materialunterschieden. Sie entzünden sich an der Beobachtung eines weissen Papiers, das auf einem weissen Grund liegt.

82/83: Three drawing experiments at making visible minimal spatial, light and material differences. These differences are aroused by the observation of a white sheet of paper laid upon a white ground.

82/83: Leander Eisenmann, 20 × 28 cm und 32 × 48 cm, Bleistift, Lithokreide / Pencil, lithographic chalk.

Der Pixel, kleinstes Element einer Bildsprache

The Pixel Dot

Kurs: Typografie
Course: Typography

Lehrer / Instructor:
Wolfgang Weingart

Fachbereich:
Weiterbildungsklasse für Grafik
Department:
Advanced Class for Graphic Design

Die Frage, ob die traditionelle Zeichnung, das heisst die Handzeichnung, der elektronischen Zeichnung am Computer vorzuziehen sei oder ihr sogar überlegen ist, wird von Jahr zu Jahr uninteressanter. Zwar sind die Sprachen heute noch unterschiedlich und die Linien auf dem Bildschirm, die vom Drucker auf das Papier übertragen werden, anders als jene, die der Bleistift auf dem Papier erzeugt. In naher Zukunft jedoch werden die Probleme behoben sein und die Unterschiede verschwinden. Die elektronischen Werkzeuge und ihre Programme werden den gleichen Reichtum an Ausdrucksmöglichkeiten besitzen wie die handgeführten Zeichenstifte, -kreiden und -pinsel. Was dann zählen wird, ist das gleiche, was heute schon die interessante von der uninteressanten Zeichnung unterscheidet.

Die Serie von Arbeiten entstand Mitte der achtziger Jahre, als die ersten Personal Computer von Apple Macintosh mit ihren einfachen Zeichenprogrammen auftauchten. Es sind Versuchsreihen, mit denen die besonderen bildsprachlichen Möglichkeiten getestet wurden, die sich aus der Pixelschrift, den elektronischen Werkzeugen und der einfach abrufbaren Wiederholung gleicher und ähnlicher Elemente ergaben. Die Faszination des Anfangs lag in der Andersartigkeit gegenüber den herkömmlichen darstellerischen Mitteln und in der Vordergründigkeit der groben, auf sichtbaren Rasterpunkten basierenden Auflösung.

Die Entwurfsreihe verschleiert nicht ihre elektronische Herkunft, sondern zeigt sie auf und demonstriert, indem sie zeichnerische Elemente benutzt, ihre Andersartigkeit gegenüber traditionellen zeichnerischen Techniken.

The question of whether the traditional drawing, in other words, the drawing made by hand, is to be preferred to the electronic drawing from the computer, or is even superior to it, becomes less engaging each year. It is true that the two graphic languages are still different, and that the lines on the screen which are transmitted to the paper via the printer are something quite other than those the pencil produces on paper. But in the near future, these problems will be solved and the differences will disappear. The electronic tools and their programs will come to possess the same wealth of expressive possibilities as the hand-held drawing pencil, chalk and brush. What will distinguish at that point will be the same things that differentiate interesting from uninteresting drawings today.

This series of works was created in the mid-80s, as the first personal computer from Apple Macintosh was coming on the market with its simple drawing programs. It is an experimental series testing the peculiar imagery possibilities produced by dot matrix printing, electronic tools and the easily recallable repetitions of the same and similar elements. The fascination when computer drawing began lay in the alien, as opposed to the traditional, means of representation, and in the superficiality of large resolution, which is based on visible grid points.

This series does not conceal its electronic origins, but points them out and demonstrates, by using elements of drawing, their otherness in contrast to traditional drawing techniques.

Gerasterte Elemente treffen und überlagern sich mit spontanen, mit der Maus gezeichneten Linien. Mit geringem zeitlichem Aufwand lassen sich ganze Bereiche des Bildes wiederholen, variieren oder vom Positiv ins Negativ umwandeln. Eine hohe Komplexität des Bildgefüges ist charakteristisch für das Erscheinungsbild computergenerierter Zeichnungen.

Gridded elements meet and intersect one another with spontaneous mouse-drawn lines. Whole areas of the image are repeated in very little time, are varied or transformed from positive to negative. A highly complex pictorial structure is characteristic of computer-generated drawings.

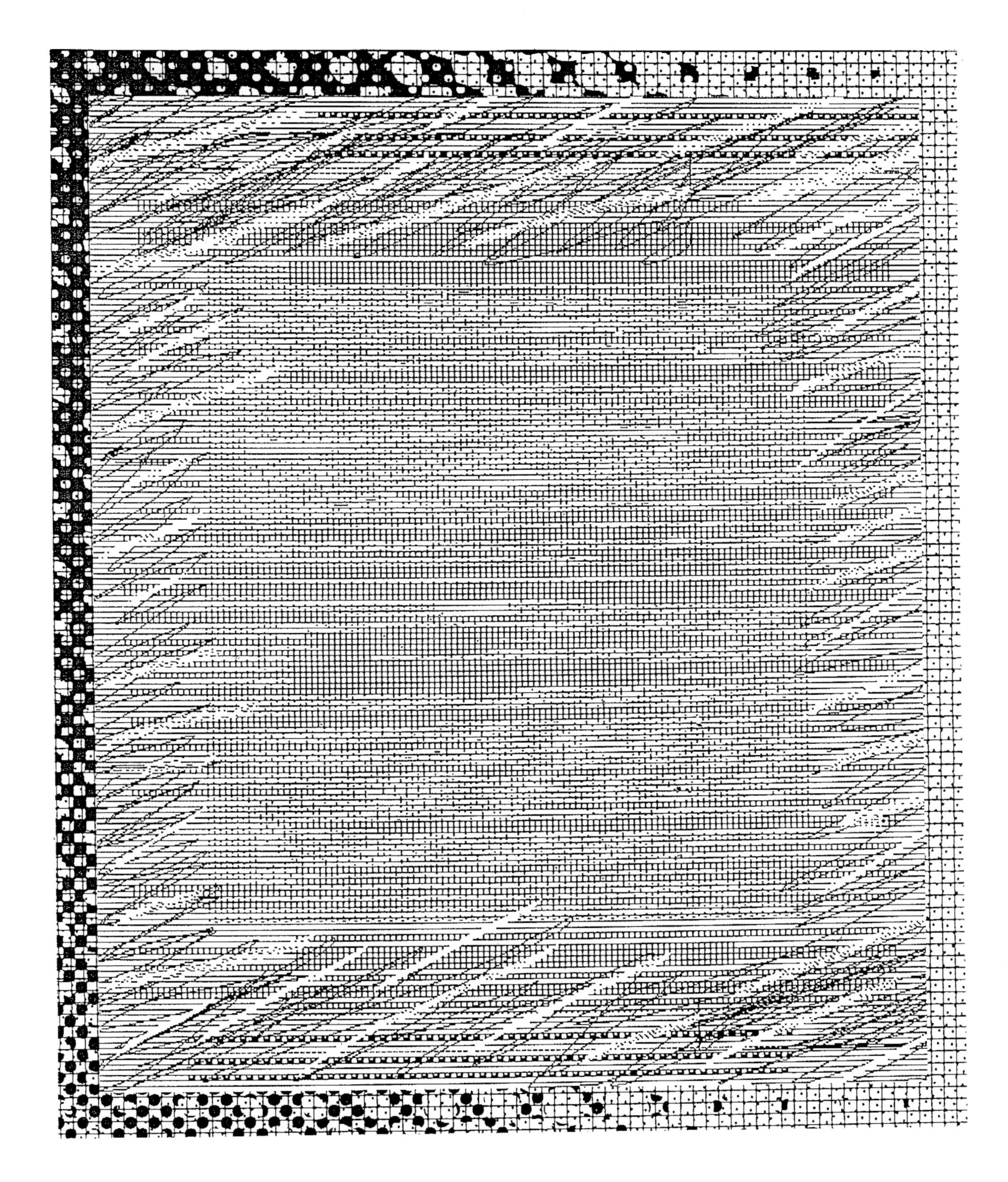

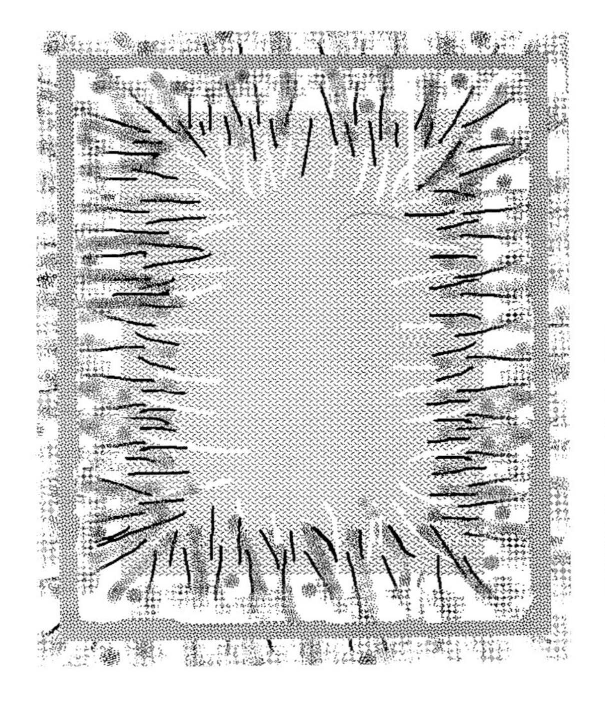

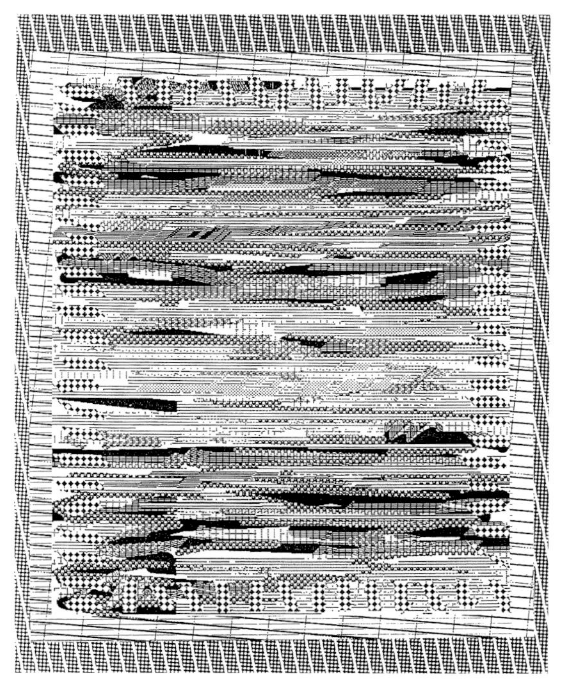

85–89: Die Entwurfsreihen dienen der Entwicklung von Mustern, mit denen Einwickelpapiere für Orangen gestaltet werden sollen. Die deutlich sichtbare, punktartige Auflösung der Darstellung erleichtert die formale Verschmelzung der sehr unterschiedlich behandelten Bildzonen.

85–89: This drawing series utilizes the development of patterns that were to be designed by using produce packing paper from individual oranges. The clearly visible, point-like dissolution of the drawing illuminates the formal merging of these very differently handled areas of the image.

85–89: Mara Jerman, Apple Macintosh, McPaint.

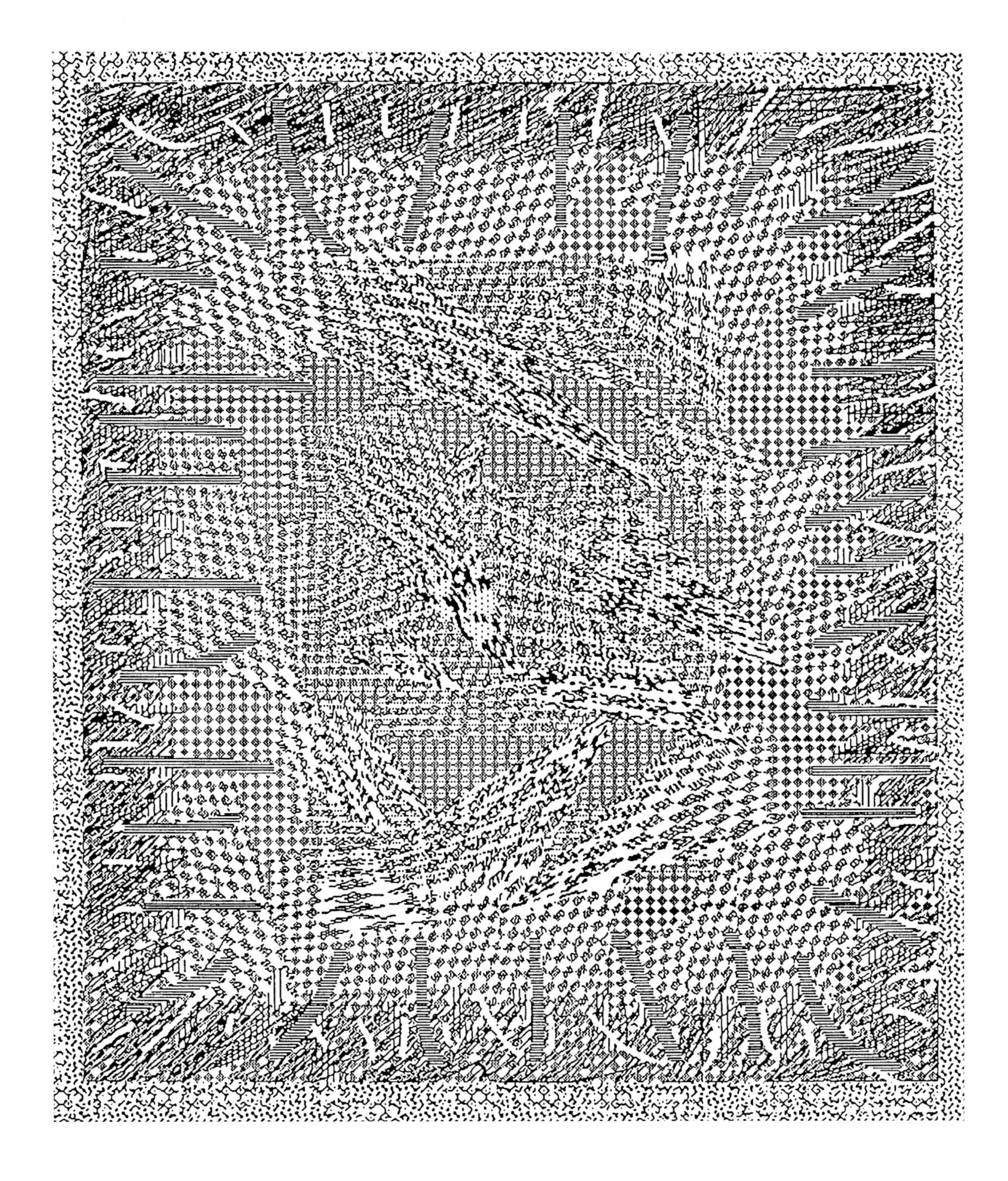

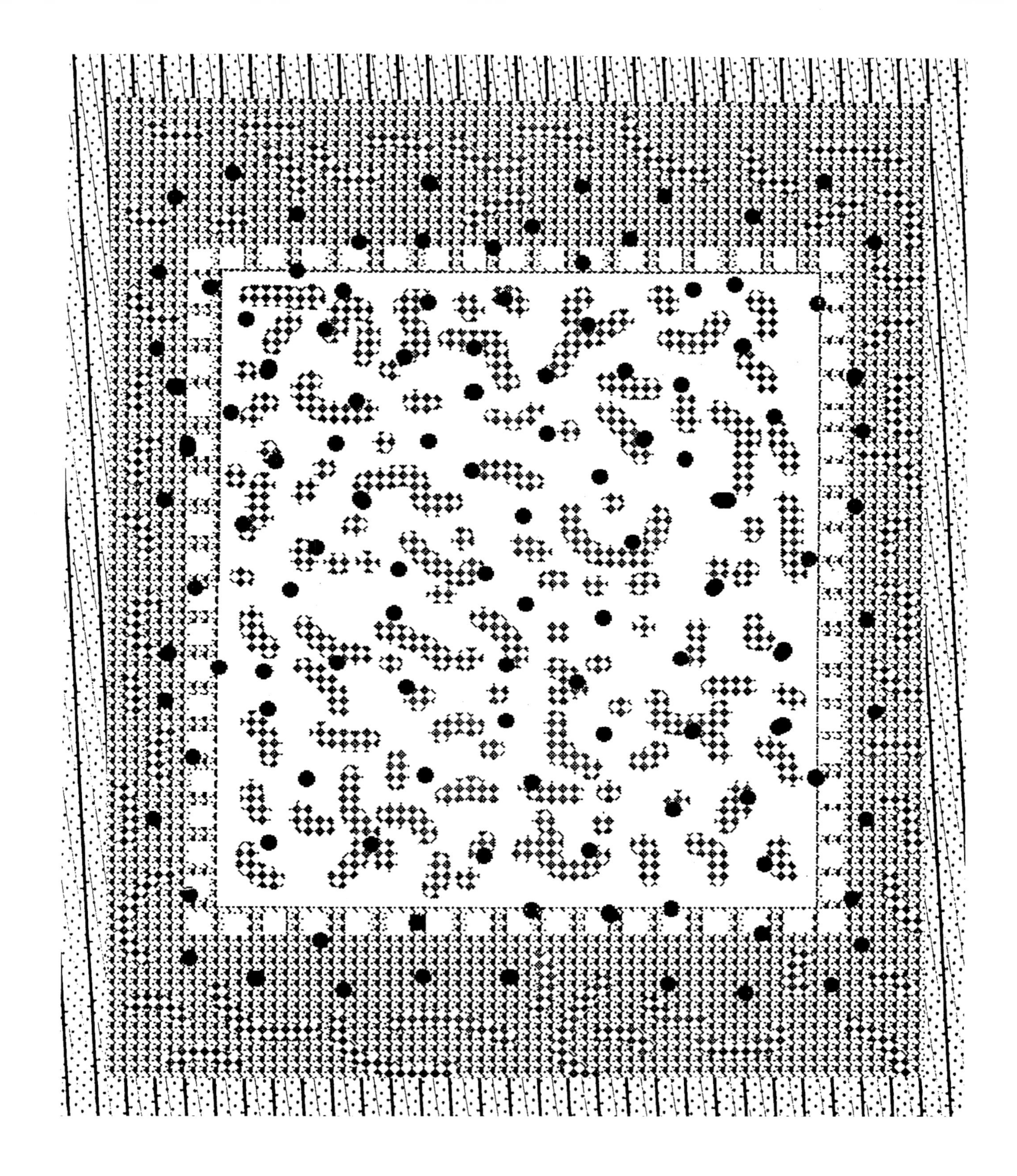

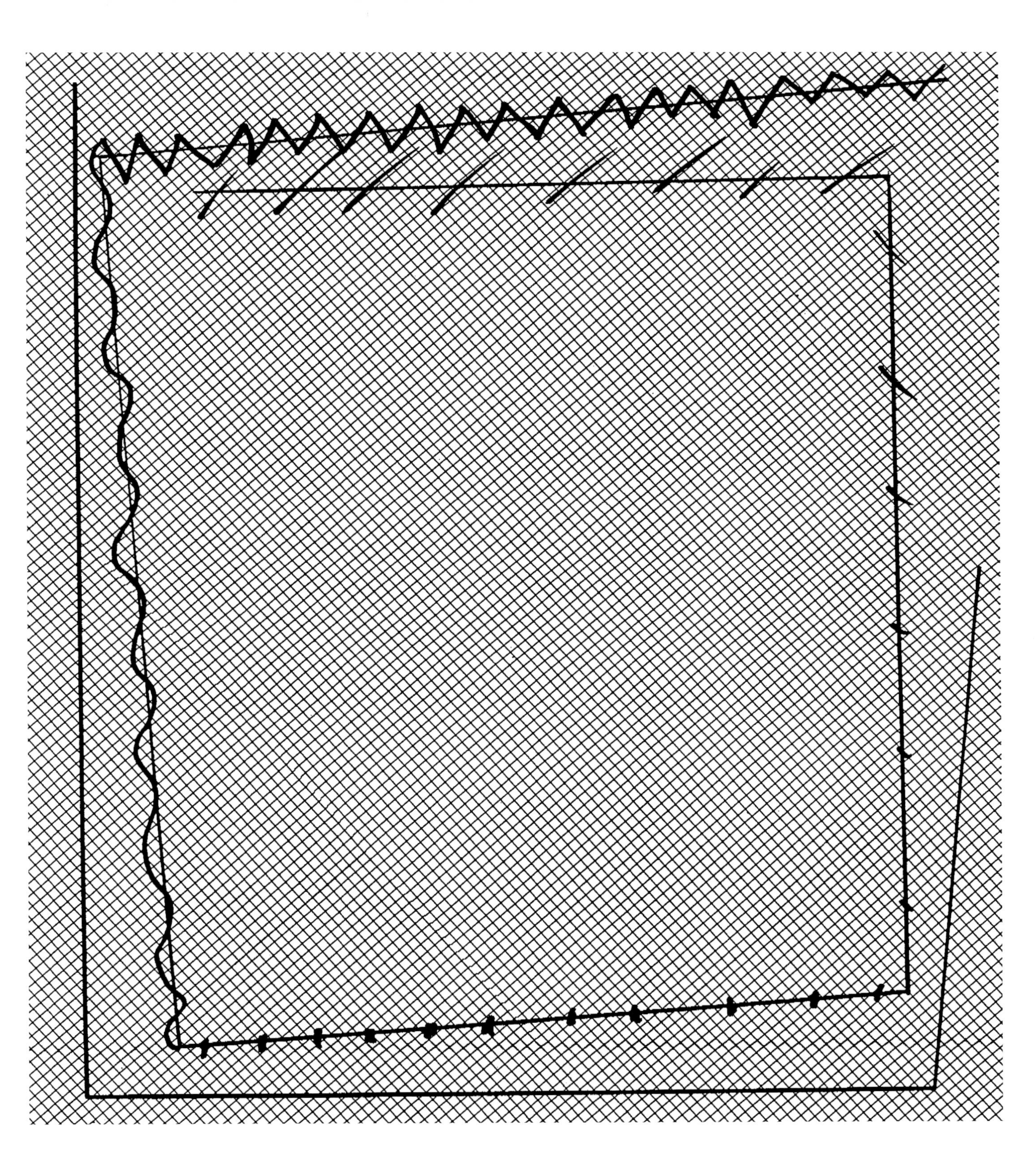

Gleiches, Fremdes und Ähnliches

The Same, the Strange, and the Similar

Diplomarbeit
Thesis Project

Lehrer / Instructor:
Peter Olpe

Fachbereich:
HFG, Visuelle Kommunikation
Department:
Visual Communication (Graduate)

Zum zeichnerischen Experiment gehört es auch, die Grenzen einer Sprache zu erkunden und im Überschreiten dieser Grenzen die Frage nach dem Typischen, Gesetzmässigen jener Sprachen zu stellen, die man als Grenzgänger verlässt und betritt. Besonders interessant sind solche Untersuchungen, wenn unterschiedliche Medien berührt werden, wie im vorliegenden Fall die Fotografie und die Zeichnung.

Das Thema dieser Arbeit heisst «Eingriffe ins fotografische Bild» (es handelt sich um einen Ausschnitt aus der Diplomarbeit eines Absolventen der HFG «Visuelle Kommunikation»). Ausgangspunkt war ein immer wieder neu entwickeltes Lineament, das mit Hilfe unterschiedlicher Verfahren über das fotografische Bild gelegt wurde. Die Fotografie, die eine körnige, man könnte auch sagen «fleckartige», Feinstruktur besitzt, wurde konfrontiert mit einer Textur, die auf der Linie basiert. Einerseits besteht also eine Gegensätzlichkeit, die typischer Ausdruck der beiden darstellerischen Verfahren ist, andererseits aber weist das Motiv, die Baumgruppe mit der reichen, linearen Struktur, einen hohen Verwandtschaftsgrad zur linearen Zeichnung auf. Berührungspunkte sind also gegeben. Zeigt sich der Eingriff als breiter körniger Strich, so greift er etwas von der Feinstruktur der Fotografie auf, bedient er sich der feinen kratzerartigen Linie, so geht er auf das Motiv selbst, den Wald mit seinen Stämmen und Ästen ein. Die Zeichnung wird so zur Fotografie und die Fotografie zur Zeichnung.

Exploring the borders of a language is also part of the drawing experience and, in crossing over these borders, questioning the typical, the regular, in each language. Especially interesting are those investigations where different mediums are touched upon, as in the present case of photography and drawing.

The theme of this work has been named "Intervention in the Photographic Image" (this work is an extract from the thesis of a graduate of the course in Graduate Visual Communication). The departure point was a continuously newly developed lineament that was laid over the photographic image utilizing various processes. The photograph which has a granular, one could even say a "dot-like" microstructure, was confronted with a texture based on line. On the one hand, a contrariness arises that is a typical expression of the two representational processes; on the other hand, though, the motif – groups of trees with a rich linear structure – indicates a strong relationship with the linear drawing. There are, then, points of contact. If the intervention appears as a wide, grainy stroke, it picks up something of the microstructure of the photograph. If it appears as a fine scratchy line, it complies with the motif itself, the forest with its trunks and branches. The drawing in this way becomes the photograph, and the photograph becomes the drawing.

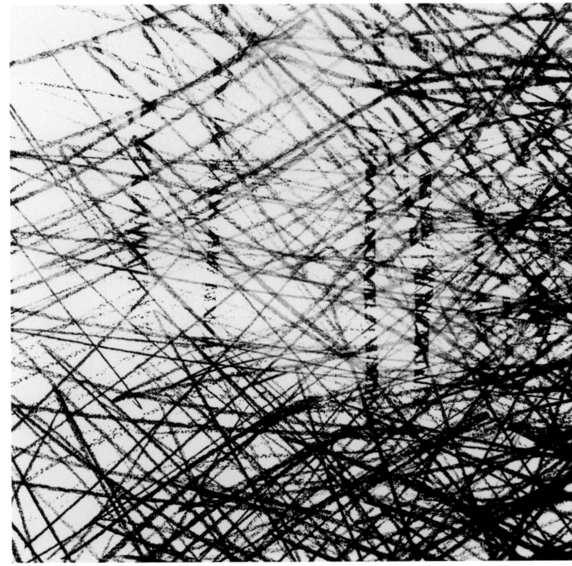

91–95: Ausgangsmaterial der zeichnerischen Bearbeitung ist ein 6 × 6 cm grosses Negativ einer Landschaftsaufnahme. Drei Eingriffsarten werden untersucht:
1. Das Negativ selbst, d. h. ein Duplikat wird überzeichnet, zerkratzt oder bemalt.
2. Bei der Herstellung des Positivabzugs wird das Fotopapier mit bearbeiteten Folien, Gläsern oder anderen, teilweise opaken, Materialien abgedeckt.
3. Während der Entwicklung werden die Chemikalien mit Pinseln oder Schwämmen selektiv aufgetragen.

91–95: The basic material used for this piece was a 6×6 cm negative from a photograph of a landscape. Three forms of intervention have been tried out:
1. The negative itself – in other words, a duplicate is drawn on top of, scratched into or painted on.
2. To produce the positive copy, the photographic paper was blocked with treated foil, glaze, or other semi-opaque materials.
3. During developing, chemicals were selectively applied with brushes or sponges.

91–95: Oliver Mayer.

Material und Ausdruck

Material and Expression

Kurs: Grafik 1
Course: Graphic 1

Lehrer / Instructor:
Moritz Zwimpfer

Fachbereich:
Fachklasse für Grafik
Department:
Graphic Design (Undergraduate)

Eine Zeichnung ist immer eine Umsetzung und nicht eine Abbildung der sichtbaren Welt. In dem Sinne stellt sie auch immer den Versuch einer Neuformulierung der Dinge dar, die man sieht und wahrnimmt. Mit jeder Darstellung gibt man ihnen ein neues Gesicht, einen anderen Ausdruck. Nie hat eine Änderung der materiellen und formalen Voraussetzungen nur eine ästhetische Konsequenz, immer ist auch die inhaltliche Botschaft mitbetroffen.

Bei den Arbeiten zu den Themen «Schädel» und «Landschaft» wird deutlich, wie sehr die technischen und formalen Faktoren den Ausdruck bestimmen. Und es wird auch sichtbar, dass weniger das Objekt selbst den emotionalen Gehalt der visuellen Botschaft ausmacht, sondern dass es zur Hauptsache die darstellerische Umsetzung ist, die uns packt oder auch unbeteiligt lässt. Nicht die Geschichte an sich ist interessant, sondern die Art, in der sie erzählt wird.

Die Aufgabenstellungen aus dem Unterricht für angehende Grafiker verfolgen die Absicht, eine breite Palette von Zeichen- und Malmaterialien anzuwenden. Dies ist eine Form der Untersuchung, wie sie typisch ist für Gestalter, die sich auf einen anwendungsbezogenen Beruf vorbereiten.

A drawing is always an interpretation and not a duplication of the visible world. In this sense, it always presents a reformulation of the things that one sees and perceives. With each presentation, these things are given a new face, another expression. A change of material and formal preconditions never has a solely esthetic consequence; the message of the content is always affected as well.

In these works on the themes "Skull" and "Landscape", it becomes clear how much the technical and formal factors determine expression. And it also becomes possible to see that it is less the object itself that determines the emotional content of the visual image than it is the graphic interpretation that grabs us or leaves us indifferent. The story itself is not what is interesting, but rather the way in which it is told.

One aim when setting tasks in the teaching of budding graphic artists is to employ a wide palette of drawing and painting materials. This is a form of investigation that is typical of designers who are preparing themselves for an application-oriented profession.

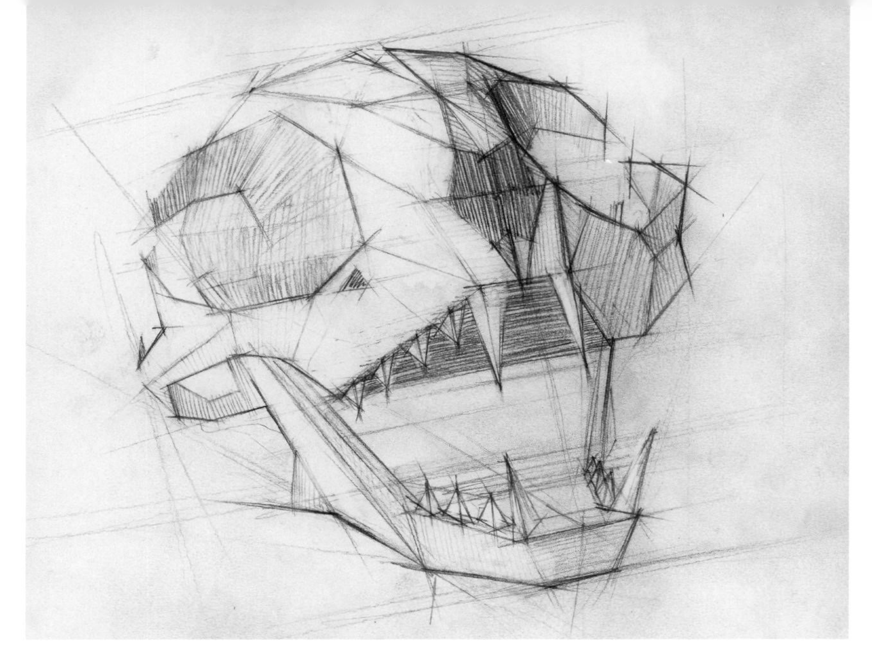

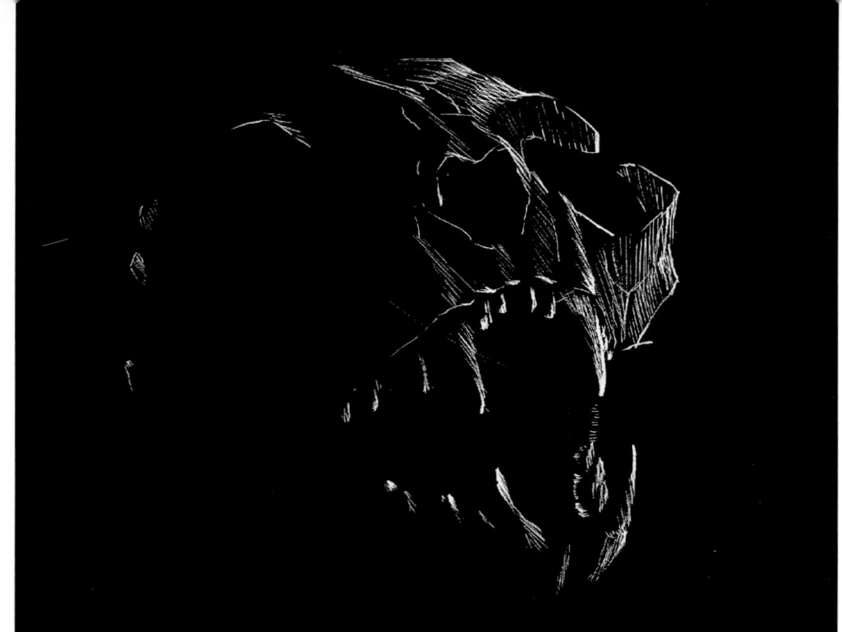

97–101: Ein kleiner Tierschädel, unter wechselnder Beleuchtung und vor verschiedenen Hintergründen beobachtet, gemalt und gezeichnet, ist das Motiv einer breiten Studie, die untersucht, inwieweit das Zeichenmaterial, die Zeichentechnik und die Form der Darstellung die visuelle Botschaft beeinflussen und verändern kann.

97–101: A small animal skull, under shifting light and in front of various backgrounds, observed, painted and drawn, is the motif for a wide study exploring to what extent the drawing material, the drawing technique and the form of representation can influence and change the visual message.

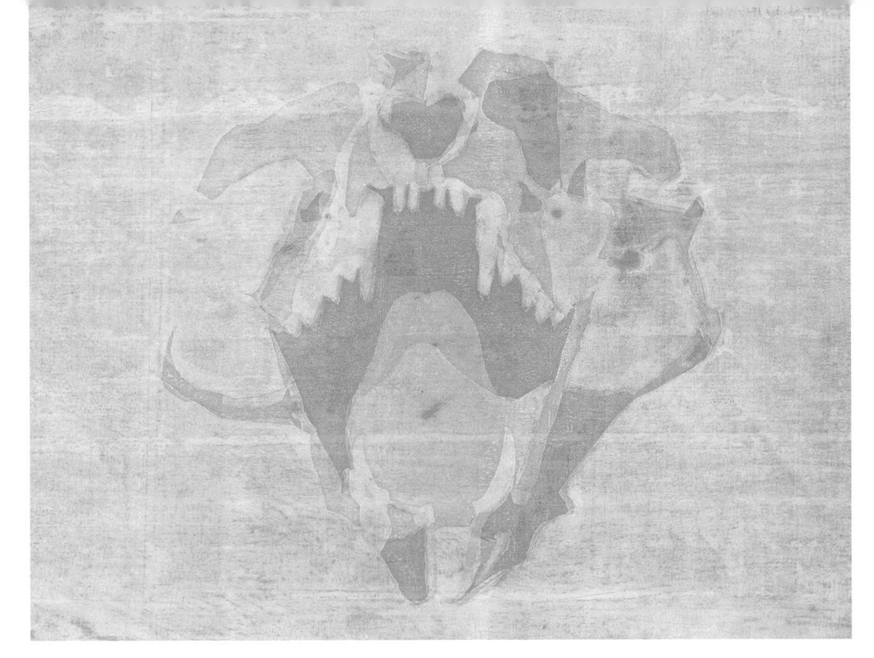

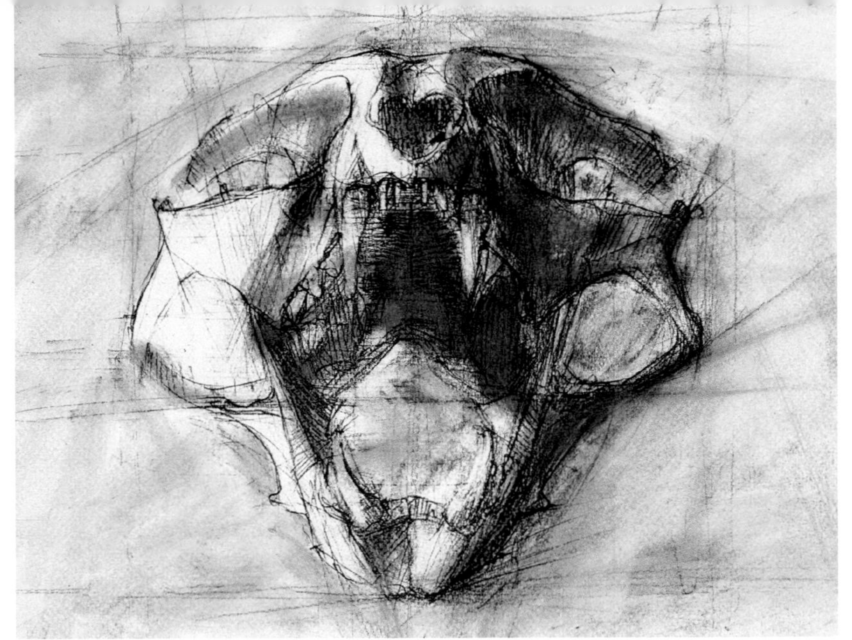

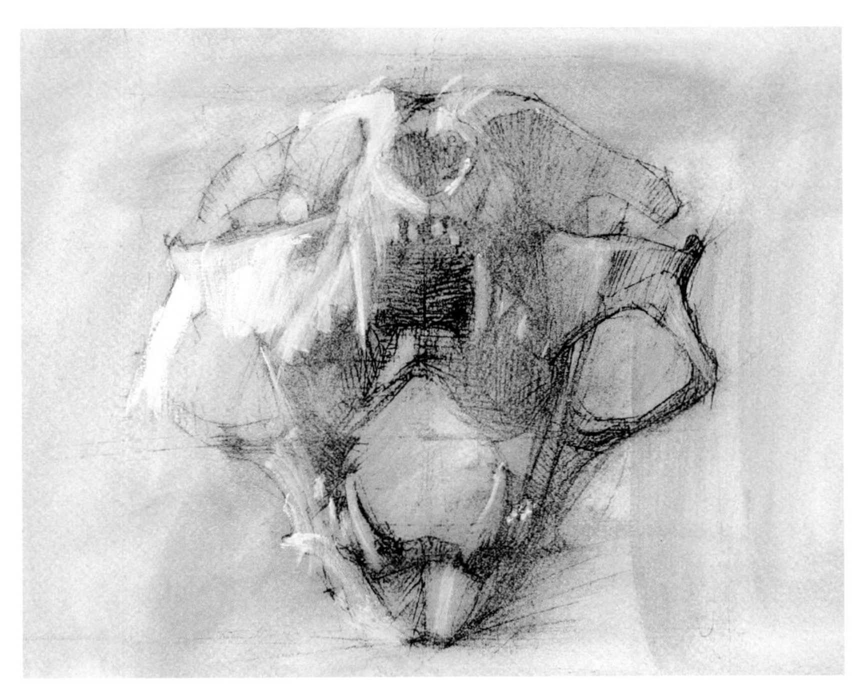

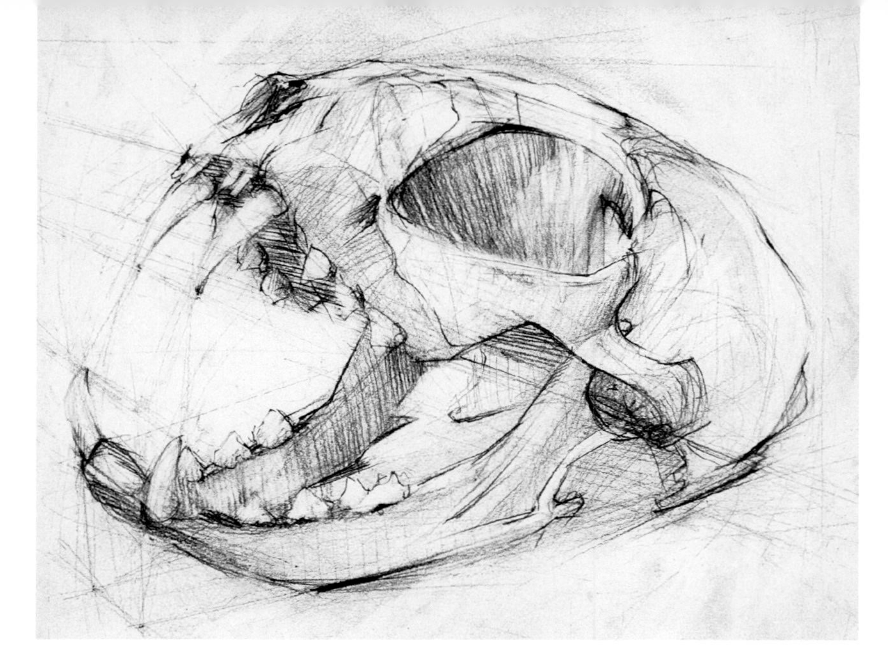

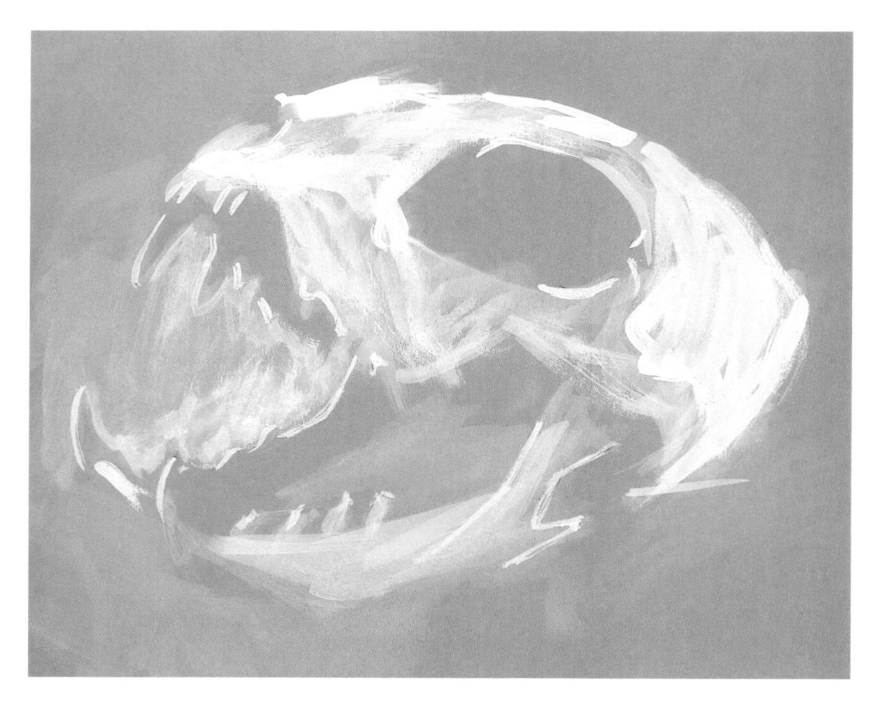

Zuerst spielen fotomechanische Reproduktionsverfahren keine Rolle, denn es wird ausgeschlossen, dass eine Entwurfsreihe dieser Art von einer fotografischen Abbildung ausgehen könnte. Die zweidimensionale Fotografie mit ihrer fixierten Erscheinung des Objektes bietet nie den gleichen Informationsgehalt wie das reale Objekt. Später aber, wenn fein differenzierte formale Varianten untersucht werden, können auch Fotokopien eingesetzt werden.

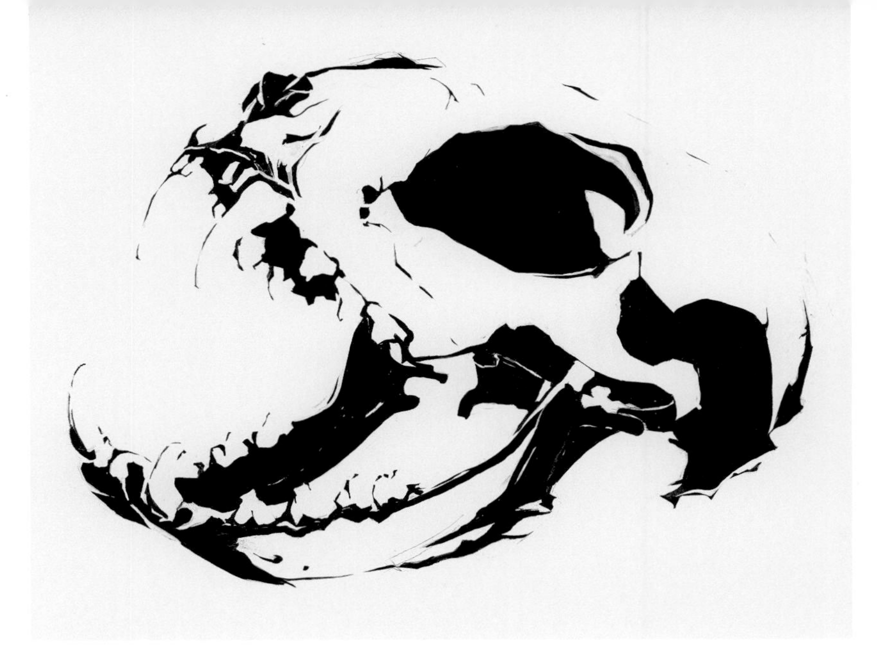

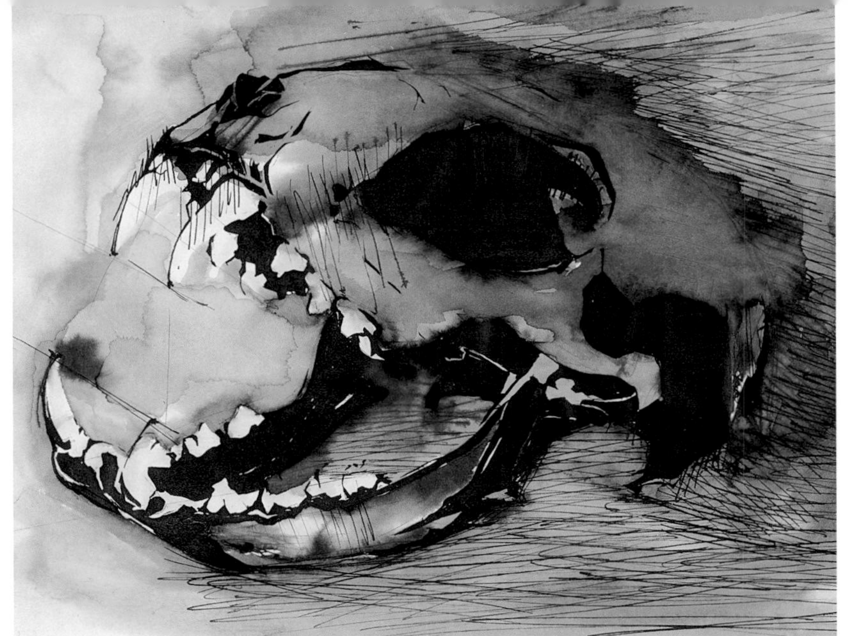

Initially, mechanical photographic reproduction processes are not utilized here because a photographic replica has been ruled out for a design series of this kind. The fixed appearance of the two-dimensional photograph does not offer the same informational content as the real object. Later, however, when finely differentiated variations of the form are explored, even photocopies can be introduced.

97–101: Thomas Neeser, ca. 21 × 29,7 cm, Bleistift, Tempera, Tusche, Schabkarton, Kohle usw. / Pencil, tempera, ink, scratch board, charcoal, etc.

102–105: In der freien Natur, in direkter Anschauung der Landschaft, ist diese Serie entstanden, die auf unspektakuläre Art die Auswirkung verschiedener Zeichen- und Maltechniken untersucht. Der Zeichner reagiert mit der Wahl seiner Mittel und seinen Formulierungen auf die atmosphärischen Veränderungen, die er während mehrerer Tage beobachtet hat.

102–105: This series was developed in the open countryside, in direct contemplation of the landscape. It investigates the effects of various drawing and painting techniques in an unpretentious way. The drawer reacts with the choice of his drawing medium and his formulation of the atmospheric changes he has observed over the course of several days.

102–105: Thomas Lutz, Ölkreide, Farbstift, Aquarell, Tempera / Wax crayons, colored pencil, aquarelle, tempera.

3

Objekt	Object
Sprache	Language
Form	Form

Protokollieren

Recording

Kurs: Oberflächenzeichnen
Course: Drawing, Surfaces

Lehrerin / Instructor:
Angelika von Arx

Fachbereich:
Basis Erweiterungsklassen
Department:
Foundation Program 2

Die Oberflächen von natürlichen und bearbeiteten Materialien werden mit mikroskopischem Blick analysiert und zum Teil in extremer Vergrösserung reproduziert. Im engen Ausschnitt zeigen sich die abstrakten und formalen Qualitäten der Dinge auf andere Art, als wenn man den ganzen Gegenstand überblickt. Die beobachteten Feinstrukturen und Gliederungen regen zu grosszügigen zeichnerischen Entwürfen an. Auf die Verschlingungen und Schichtungen des Materials wird mit zeichnerischen Aktionen reagiert, die all diese Beobachtungen gleichsam wörtlich aufgreifen möchten.

Im Fach «Oberflächenzeichnen» werden die Zeichenmaterialien nicht rein im Sinne einer stilistisch einheitlichen Sprache eingesetzt, sondern in Mischtechniken von Fall zu Fall in ihrer Wirkung untersucht. Fast könnte man den Eindruck gewinnen, es gehe darum, dass sich Gegenstand und Abbild möglichst ähnlich sind. Aber beim akribischen Protokollieren wird vor allem die Wahrnehmung geschult und die formale Phantasie des Zeichners bereichert. Und durch die bewusste Proportionsveränderung und die Konzentration auf den Ausschnitt wird sichtbar, dass im engen Blickwinkel aussergewöhnliche Entdeckungen verborgen sein können.

The surfaces of natural and processed materials are analyzed in microscopic detail and partially reproduced at an extremely enlarged size. The abstract and formal qualities present themselves in a different way up close than when one looks at the entire object. The observed microstructures and arrangements stimulate generous graphic designs. The drawer graphically responds to the interweavings and stratifications of the material with actions that seek to take up all these observations verbatim, so to speak.

In the subject "Drawing, Surfaces", the drawing materials are not employed purely, in the sense of a stylistically united language; rather, their effect is examined from case to case in mixed medium techniques. One almost gets the impression that the issue is the similarity between object and replica. But in this painstaking recording, perception above all is being trained, and the formal fantasy of the drawer is being enriched. And with the deliberate changing of proportions and concentration on detail, it becomes clear that extraordinary discoveries can be concealed in the smallest point of view.

109–111: Für die Darstellung eines Hanfstranges werden zuerst Farbflecken in starkem Helldunkelkontrast als Grundierung mit dem Pinsel aufgelegt. Dann wird in einer freien Mischtechnik mit Farbstiften, Kreiden und Kohle die Feinstruktur aufgegriffen.

109–111: For this representation of hemp ropes, first colored dots with a strong chiaroscuro contrast were applied with a brush as a foundation. The microstructure was then picked up with a free mixed medium technique of colored pencil, chalk and charcoal.

Die Fleck- und die Linienstrukturen der Darstellung gehen eine enge Verbindung ein und protokollieren sowohl das Licht und die Schatten als auch die räumlichen Schichtungen.

The dot and line structures in these drawings are closely connected and record the light and shade as well as the spatial layering.

109–111: Andreas Weber, ca. 55 × 40 cm, Mischtechnik / Mixed media.

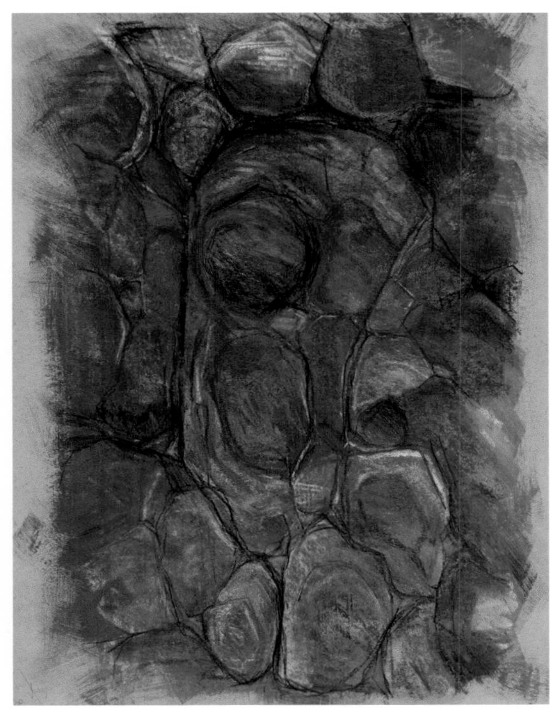

Die Zeichnerin interessiert sich für die Farbe und die sich schichtweise ablösende rostige Oberfläche eines Eisenstückes. Ähnlich schichtend verfährt sie malend und zeichnend beim Aufbau ihrer Darstellung.

The drawer is interested in the color and the rusty peeling layers on the surface of this piece of iron. She paints and draws in a similarly layered fashion as she builds this drawing.

Sonja Baumann, 50 × 35 cm, Mischtechnik / Mixed media.

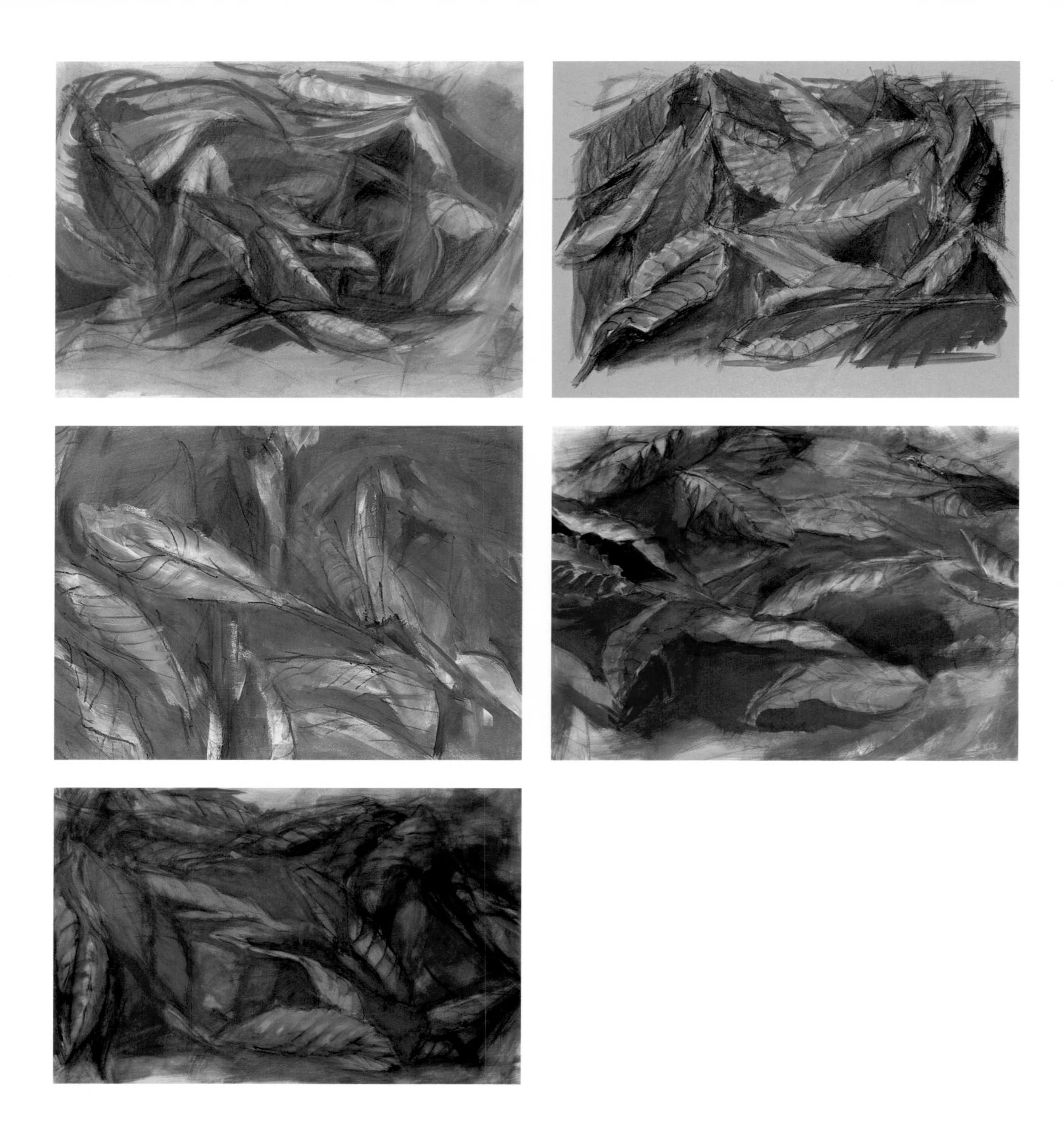

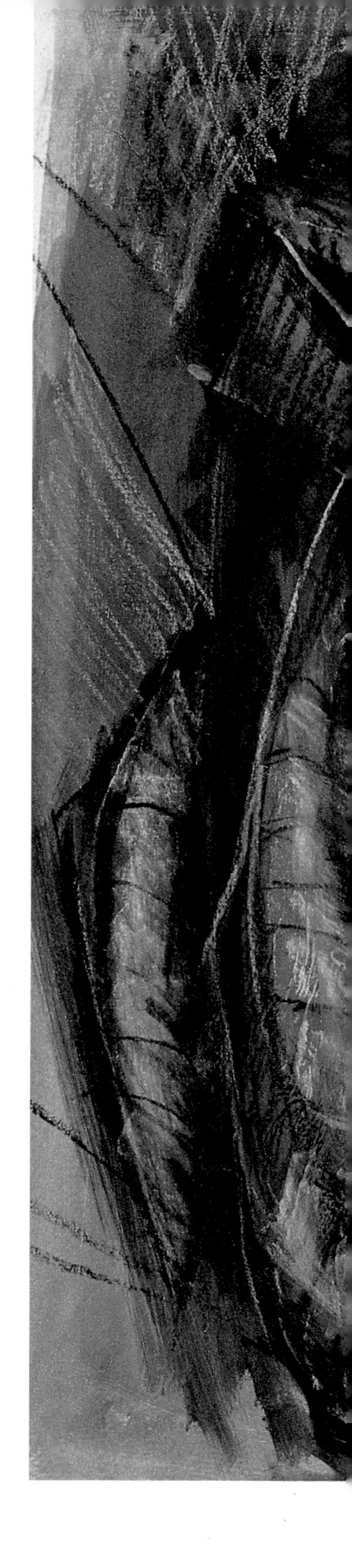

Die getrockneten Kastanienblätter werden in ein Streifenmuster umgesetzt. Die linearen Strukturen der Stiele und Blattnerven differenzieren es und sind die eigentlichen Träger der Bildinformation.

Dried chestnut leaves are interpreted in this stripe pattern. The linear structure of the stems and nerves are differentiated and are the actual transmitters of the image's information.

Claudia Hägeli, 35 × 50 cm, Mischtechnik / Mixed media.

Das Licht auf den Gegenständen

The Light on Objects

Kurs: Licht und Schatten
Course: Drawing, Light and Shadow

Lehrer / Instructor:
Peter Olpe

Fachbereich:
Fachklasse für Grafik
Department:
Graphic Design (Undergraduate)

Was und wieviel möchte man von den Dingen zeigen? Nie kann es das Ziel sein, ein möglichst vollständiges oder «richtiges» Abbild der Gegenstände zu vermitteln, die man sich zum Thema gewählt hat, denn der platte Realismus ist langweilig und banal. Die Darstellung soll zum Betrachter hin offen sein, ihm ermöglichen, in ihr die eigenen Bilder und Vorstellungen zu finden.

Die Zeichnungen aus dem Fach «Licht und Schatten» beschäftigen sich zur Hauptsache mit dem Licht auf, über und zwischen den Dingen. Es entstehen Andeutungen, die sich zwar eng an der räumlichen Wirklichkeit orientieren, gleichzeitig aber auf einer Projektionsfläche erscheinen, die sich scheinbar über der «Szene» befindet. Auf dieser Ebene, dem Feld der Zeichnung, agieren die Werkzeuge und hinterlassen ihre Spuren. Sie ergreifen die Dinge der Darstellung, berühren sie und lassen sie wieder los.

What and how much of things does one want to show? It can never be the goal to convey the most complete or "correct" replica of the objects chosen for that particular theme, since trite realism is boring and banal. The presentation should open itself to the observer and allow him to find his own images and notions within it.

The drawings from the subject "Light and Shade" are concerned primarily with light, over and between objects. Visual suggestions arise that are in fact closely oriented to spatial reality, but which at the same time appear to be on a surface projected above the "scene". At this level, in the field of the drawing, the tools are acting and leaving their traces behind. They take hold of the things represented, touch them, and let them go again.

Lineares und Fleckhaftes gehen eine Verbindung ein. An den Kanten und Rändern des Gegenstandes orientieren sich die Linien für die Erklärung der Raumzusammenhänge. Die Reflexe an den Oberflächen und die sich im Glas brechenden Farben und Formen der Umgebung hingegen inspirieren zur fleckartigen Darstellung des Lichts.

Linear and flecked are combined here. On the edges and margins of the object, lines gather information to clarify spatial connections. The reflections on the surface and the refracted colors and forms in the glass from the environment, on the other hand, are an inspiration for the speckled representation of light.

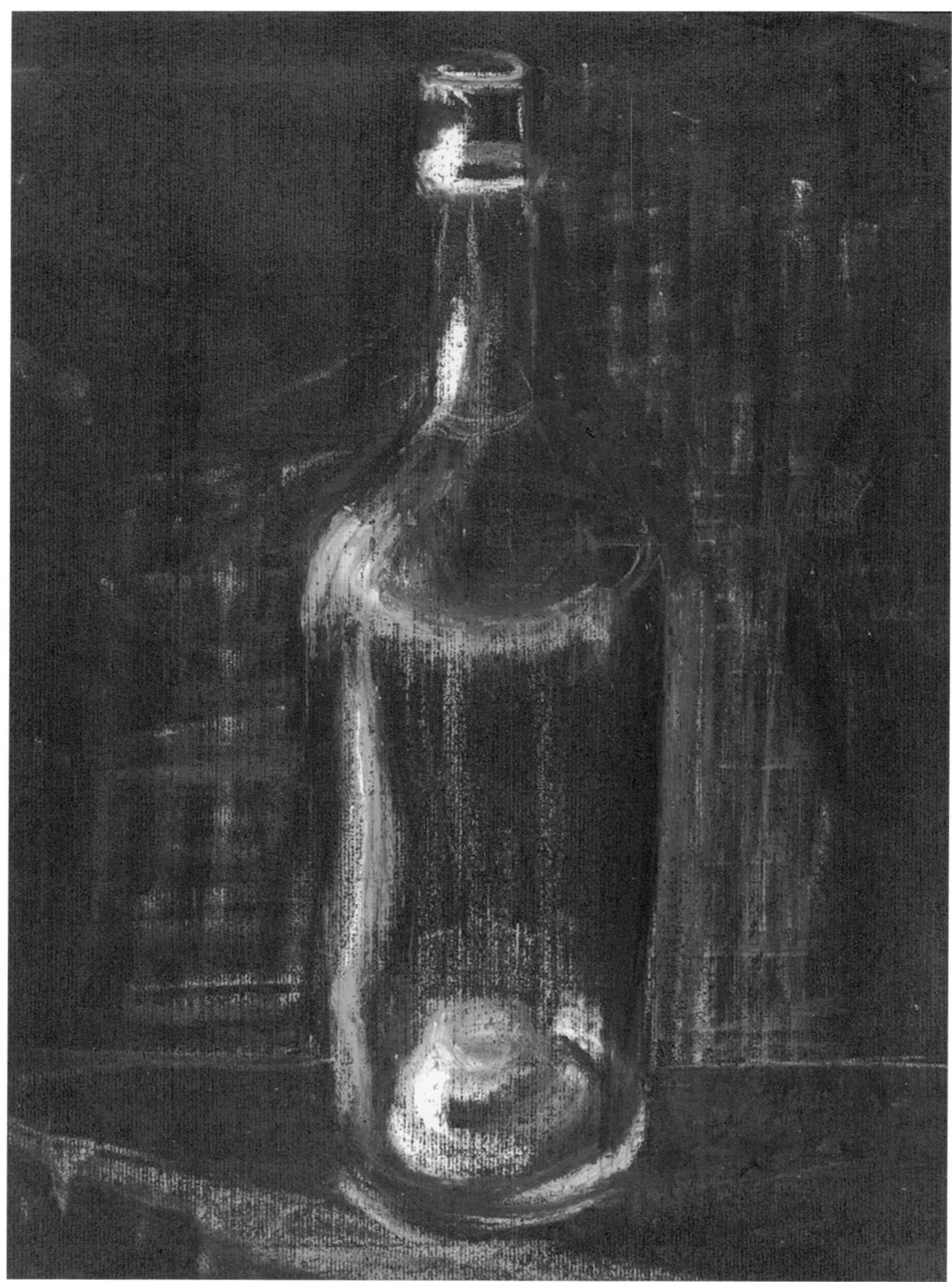

117–119: Darstellerische Sicherheit vorausgesetzt, kann das Zeichnen mit farbigen Kreiden auf getöntem Papier zu dichten, knappgefassten Entwürfen führen. Anders als bei Zeichnungen auf weissem oder hellem Grund, können auf dunklen Unterlagen helle Kreiden die Lichter direkt wiedergeben. So entwickelt sich die Zeichnung nicht zur Hauptsache aus der Darstellung der Schatten, sondern ganzheitlicher aus den Licht- und Schattenpartien zugleich.

117–119: Assuming a sureness of graphic representation, drawing with colored chalk on tinted paper can lead to compact, concisely formulated works. In contrast to drawings on a white or light ground, light chalk on a dark ground can directly depict light. With this as a medium, the drawing does not develop primarily from the representation of shade, but in an integral fashion from light and shade at the same time.

117–119: Andrea Hildbrand, 42 × 29,7 cm, Ölpastellkreiden / Wax crayons.

120–123: Die Erscheinung eines Glases ist reich an fortwährend sich wandelnden formalen Elementen. Eine kleine Kopfbewegung genügt, und die Reflexe zeigen sich anders und regen zu neuen Entwürfen an.

120–123: The visual appearance of glass is rich with continuously shifting formal elements. A small movement of the head is enough to reveal different reflections and inspire new drawings.

Der Strich kann scharf und linear sein, wenn die Zeichnerin die Kante der Kreide benutzt, aber er kann sich auch flächig ausbreiten, wenn die Kreide flach geführt und zusätzlich seine Spur verschmiert wird.

The stroke can be sharp and linear if the drawer uses the edge of her chalk, but it can also widen out if the flat side is dragged across the paper and then the track smeared.

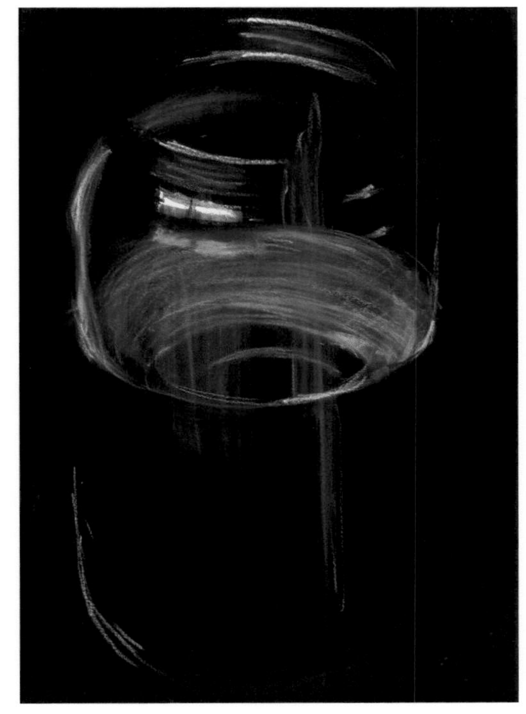

120–123: Nathalie Kiefer, 42 × 29,7 cm, Ölpastell / Wax crayon.

Grüne Essiggurken im Glas: Material und Licht kollidieren mit der extremen Farbe des Zeichengrundes. Die Zeichnung gewinnt so einen hohen Abstraktionsgrad und zeigt eine Verfremdung des Objektes mit dem Effekt, dass man glaubt, etwas vom Geruch des Inhalts wahrnehmen zu können.

Green pickles in glass: material and light collide with the extreme color of the ground. In this way, the drawing obtains a high degree of abstraction and presents an alien quality of the object, with the effect that one can almost smell the contents.

Walter Scanu, 70 × 50 cm, Ölpastell / Wax crayon.

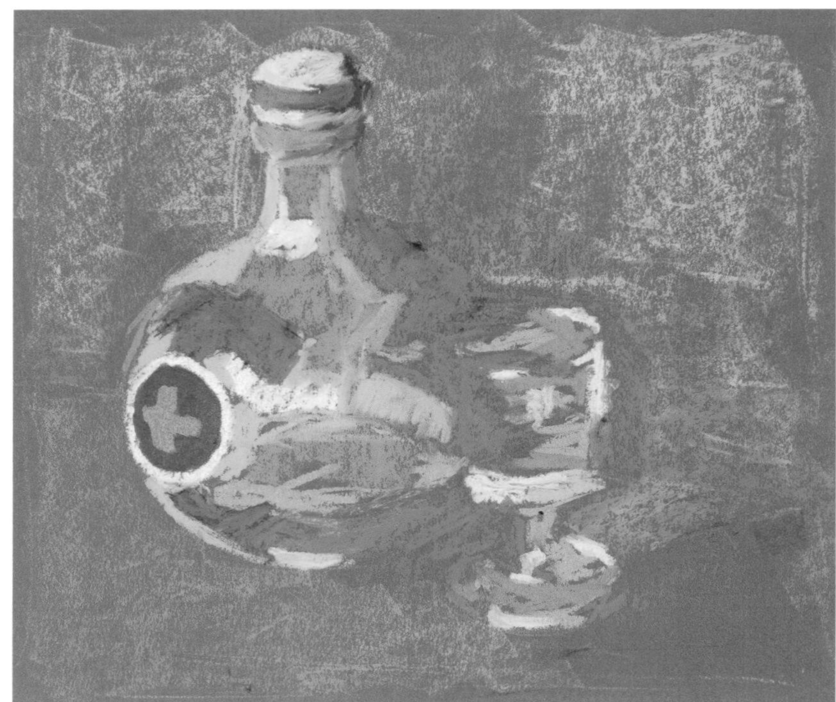

Licht, Material und Farbe in flüchtiger Notation: So wie das Licht über die Objekte streicht und scheinbar willkürlich Details herausgreift, Reflexe aufscheinen lässt und das Augenmerk auf eine Farbe lenkt, führt die Zeichnerin ihre Werkzeuge über die Oberfläche des Papiers, hält fest, lässt aus, erfindet neu.

Light, material and color in quick notation: Just as the light strikes the objects, apparently picking out random details, making reflections glimmer and drawing attention to one color, the drawer guides her tools across the surface of the paper, grabbing something, omitting something else, finding something anew.

Georgina Balint, 27 × 30 cm, Ölpastell / Wax crayon.

Licht- und Schattenflecke lassen die Blechbüchse aus dem Bildgrund hervortreten. Die Zeichnerin untersucht, wie weit die Dichte der Darstellung vorangetrieben oder wie radikal sie zurückgehalten werden kann. Habe ich schon zuviel gemacht, oder fehlt noch etwas? Diese Fragen, die den Entstehungsprozess jeder Zeichnung begleiten, wurden hier zum Thema gemacht.

Flecks of light and shade draw the tin cans forward off the background of the picture. The drawer is examining how far to take the compactness of the image, or how radically to hold it back. Have I done too much, or is something still missing? These questions, which guide the emergence of every drawing, were taken up here as the theme.

Sabine Mayer, 25 × 30 cm, Pastell / Pastel.

Matte und reflektierende Oberflächen bestimmen die Auswahl dieser Krüge und Dosen. Im bewussten Kontrast zur sehr feinen Auflösung der Farbstifte sind die Zeichnungen sehr grossflächig angelegt.

In einem langsamen Arbeitsprozess wird die Darstellung schichtweise aufgebaut. Die Zeichnung links wurde in einem frühen, noch skizzenhaften Stadium unterbrochen, die anderen stärker verdichtet.

Interessant bei dieser Technik ist, wie sich im Verlauf der Arbeit die Gestalt der Zeichnung völlig verändern kann. Als ob man die Skizzen zu unterschiedlichen Bildideen übereinanderlegen würde, entstehen so Darstellungen von hoher zeichnerischer Dichte und manchmal von besonderer Intensität.

These vessels were chosen for their matte and reflecting surfaces. In deliberate contrast to the very fine resolution of colored pencils, these drawings are broadly constructed. The image is built up in layers over a long process.

The drawing on the left was interrupted at an early, still sketchy stage, while the others were more strongly compressed. An interesting facet of this technique is how completely the total configuration of the drawing can change during the course of the work. As if one were to lay the sketches of different images over one another, the pictures are developed with high degrees of graphic compression, and sometimes with a particular intensity.

Corinna Redwanz, ca. 30 × 38 cm, Farbstift / Coloured pencil.

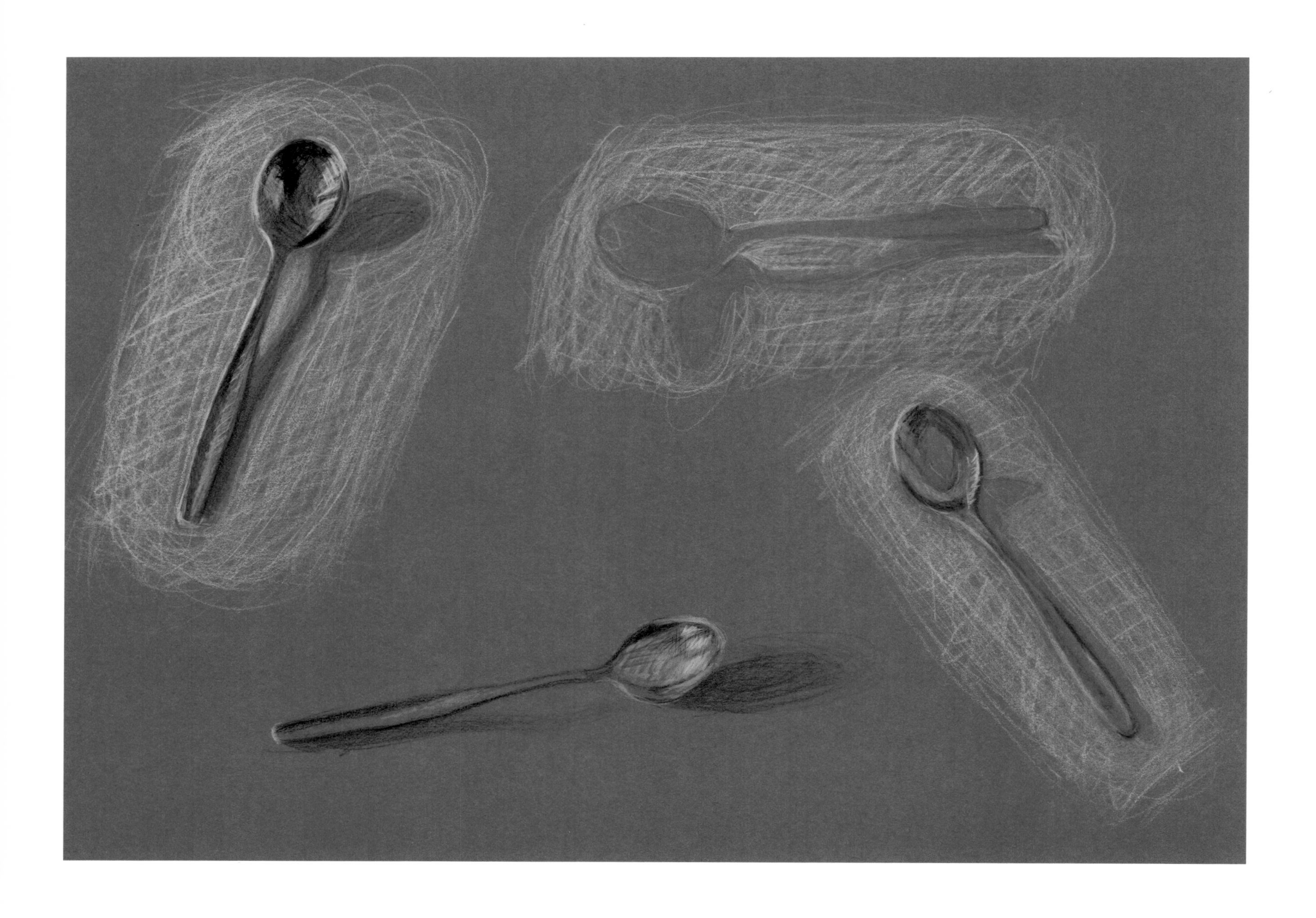

Die Objekte strahlen in ihr Umfeld aus. Das Licht, das auf die Gegenstände trifft und von ihnen reflektiert wird, inspiriert die zeichnerische Formulierung des Bildhintergrundes. Links: Entwürfe, die das Zusammenspiel von Form und Umfeld untersuchen. Rechts: Die zeichnerische Formulierung der Zwischenräume ist wichtiger als die Darstellung der Objekte selbst. Die Bildfläche vibriert unter den sich berührenden und überschneidenden Wellenbewegungen, die in den Objekten ihren Ursprung haben.

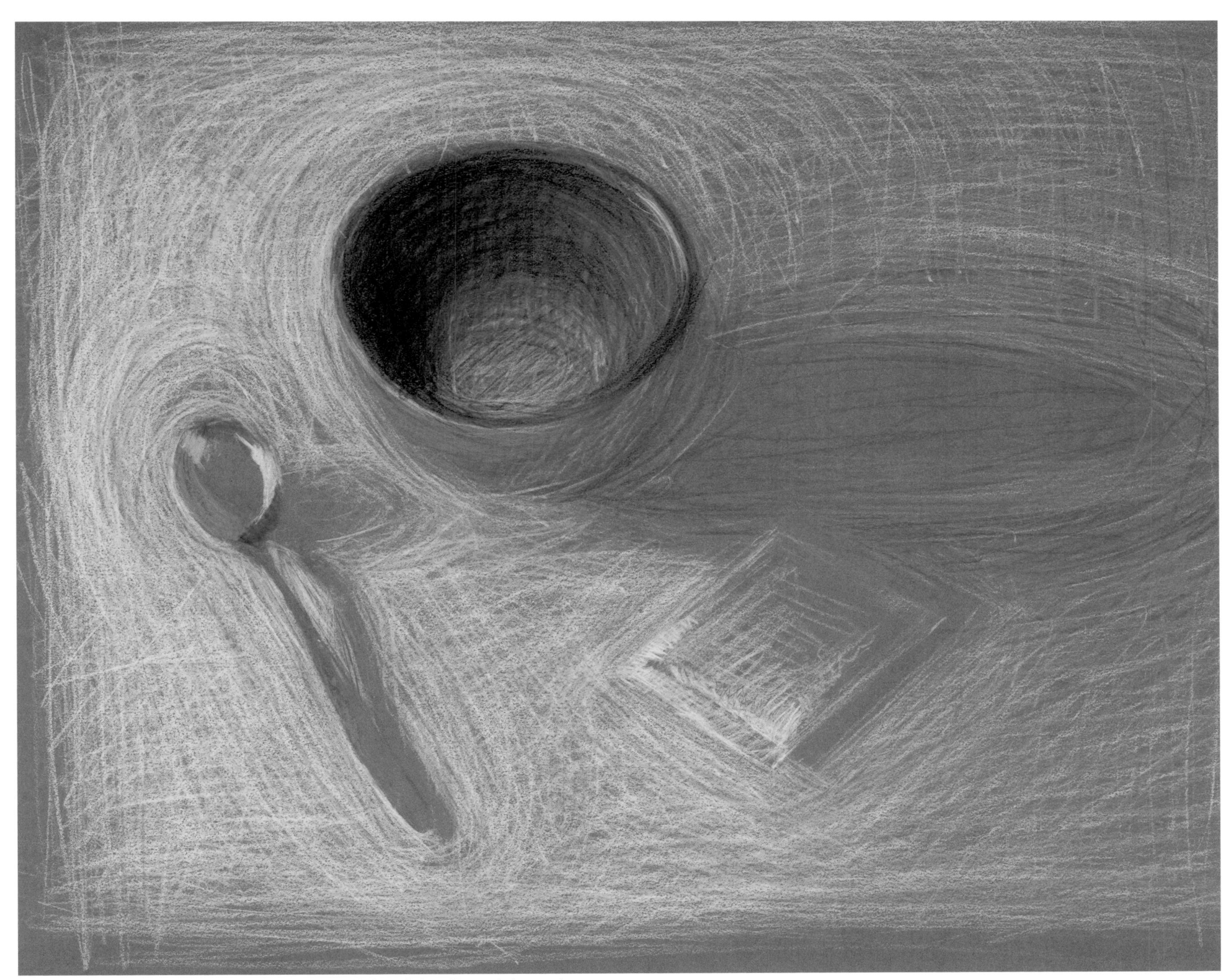

The objects radiate in their surround. The light that hits the objects and is reflected from them inspires the graphic formulation of the background. Left, drawings that investigate the interplay of form and ground. Right, the graphic formulation of intervals is more important than the representation of the object itself. The picture surface vibrates under the wave-like movements, touching and overlapping, which have their origins in the object.

Patricia Weickhardt, 28 × 35 cm, Farbstift / Coloured pencil.

Linear-flächig, matt-glänzend, durchsichtig-opak: nach diesen gegensätzlichen formalen Charakteristika sind die Objekte ausgewählt. In einer das Lineare betonenden zeichnerischen Sprache sollen die Unterschiede nicht verlorengehen. Es soll das Gefüge einer gemeinsamen Sprache entstehen, in dem sich die Gegensätzlichkeiten zur zeichnerischen Einheit verbinden.

Linear / flat, matte / shiny, transparent / opaque: the objects were chosen for their opposing formal characteristics. In a graphic language emphasizing the linear, the intention was to not lose the difference between these characteristics. The structure of a common language was to be developed, in which the opposites combine to produce a graphic unity.

Christian Altmann, ca. 25 × 28 cm, Farbstift / Coloured pencil.

Die Zeichnerin ist beim Aufbau der Darstellung ausschliesslich von den Lichteffekten und den hohen Kontrasten an der Oberfläche der Kettenglieder ausgegangen. Ohne räumliches Gerüst entwickelt sie die Zeichnung. Sie schichtet mit der Kohle Lagen übereinander, bis etwas von der Gestalt der Kette sichtbar wird.

The drawer has exclusively used the effect of light and the high contrast on the surface of the chain links as her departure point for this work. She develops the drawing without spatial support. She works layers of charcoal on top of one another until something of the form of the chain becomes visible.

Astrid Rembges, 42 × 59 cm, Kohle / Charcoal.

138–141: Auch diese Objekte sind in erster Linie aufgrund ihrer gegensätzlichen formalen Qualitäten ausgewählt: Mattes Fell – glänzender Kunststoff, monochromer Teddybär – bunte Holzfigur. Ohne dass der Zeichner bewusst danach gesucht hätte, werden die beiden Figuren extremen «Persönlichkeitsveränderungen» unterworfen, sei es durch die Stellung und das Licht, sei es aufgrund der zeichnerischen Bearbeitung.

138–141: These objects have also been chosen primarily for the contrast of their formal qualities: matte fur and lustrous plastic, monochrome teddy bear and colorful wooden figure. Without the drawer consciously searching for it, the two figures are subjected to extreme "personality changes", whether it is through the placement and the light, or whether it is through the graphic handling.

Stefan Hunziker, 35 × 45 cm, Ölpastell / Wax crayon.

Die Form löst sich von den Dingen

The Form Detaches Itself from the Objects

Kurs: Zeichnen Umsetzen
Course: Drawing, Translation

Lehrer / Instructor:
Peter Olpe

Seiten / Pages: 143–147

Kurs: Zeichnen Computerprojekte
Course: Drawing, Computer Projects

Lehrer / Instructor:
Michael Renner

Seiten / Pages: 148–151

Kurs: Farbe
Course: Color

Lehrer / Instructor:
Moritz Zwimpfer

Seiten / Pages: 152/153

Fachbereich:
Weiterbildungsklasse für Grafik
Department:
Advanced Class for Graphic Design

Mit jeder neuen Zeichnung wird die Tragfähigkeit einer Bildidee überprüft. Meistens versucht man, in mehreren Anläufen anhand des gleichen Gegenstandes den Entwurf voranzutreiben. In diesem Sinn kann man zeichnerisches Entwerfen wie ein handwerkliches und intellektuelles Konditionstraining auffassen. Man übt und spürt dabei seine Kraft und auch seine Grenzen. Mit jedem neuen Beginn verbindet sich die Hoffnung, dass man die Grenzen etwas verschieben und mit einem halben oder vielleicht sogar ganzen Fuss Neuland betreten kann.

Den drei Untersuchungsreihen aus verschiedenen Kursen ist gemeinsam, dass ein einzelnes, isoliertes Objekt zum Ausgangspunkt genommen wird, um die Grenzen der Gegenstandswirklichkeit zu ertasten. Raum, Licht und Farbe werden mit Linien und Flächen artikuliert und gleichzeitig wird das Objekt der Darstellung fast aufgelöst. Dieses tritt zurück und ist Anreger und Auslöser von Rhythmen, Vibrationen und Klängen.

With each new drawing, the strength of the pictorial idea is scrutinized. For the most part, the same object is used in several approaches as the drawer tries to further the design process. In this way, a graphic design can be understood as training in intellectual and craftsmanship fitness. One practices and, as a result, feels one's strength, and also one's borders. Attached to every new beginning is the hope that the borders will shift a little and the drawer will step into new territory with half, or maybe even the whole, foot.

These three experimental series are from different courses. What they have in common is that one single isolated object has been taken as the departure point for working one's way towards the borders of the object's reality. Space, light and color are articulated with line and plane and, at the same time, the object of the representation almost dissolves. It takes a step back and is the inspiration and trigger for rhythm, vibration and tone.

143–147: Ausgangspunkt der zeichnerischen Untersuchung ist immer die Beobachtung des realen Objektes «Apfel», aber natürlich ist die formale Phantasie des Zeichners auch angeregt durch Erinnerungen an Bilder aus anderen Kulturen und Zeitepochen.

143–147: The departure point for this graphic investigation remains the observation of the real object, "Apple". The formal fantasy of the drawer is also stimulated by memories of images from other cultures and time periods.

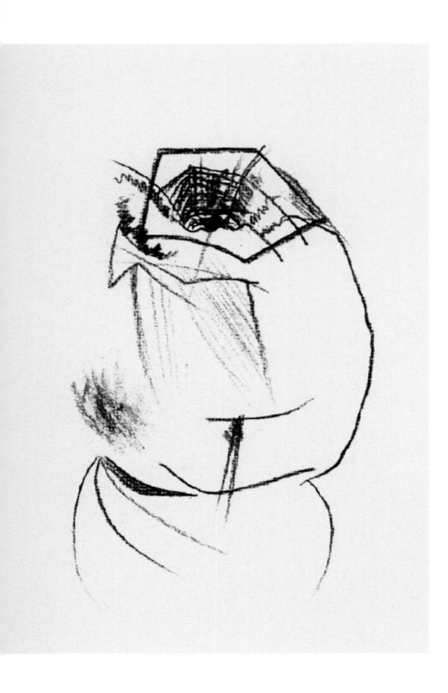

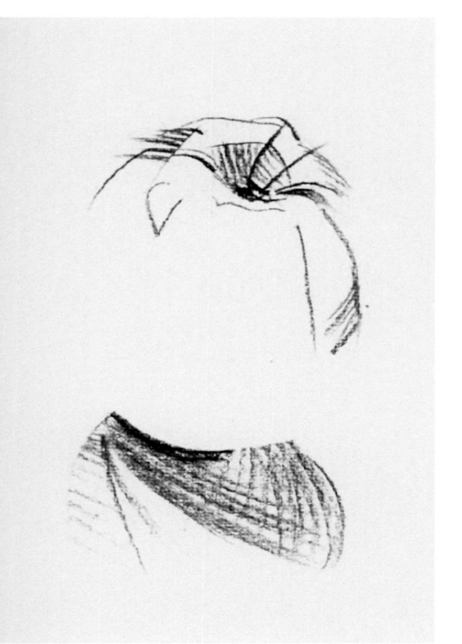
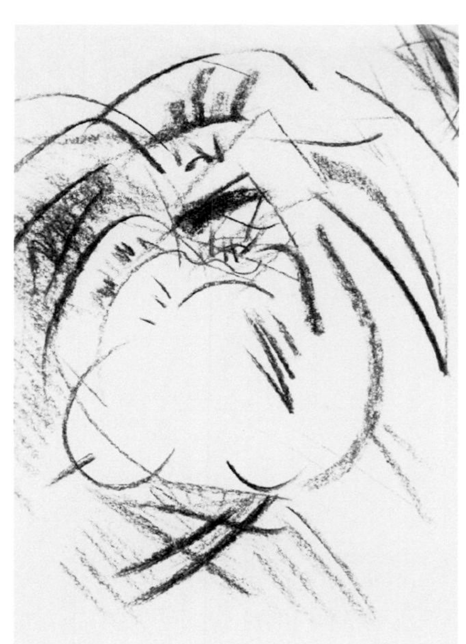

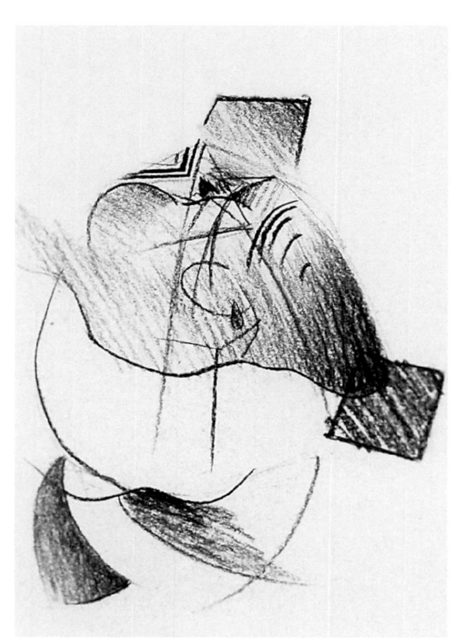

Die einzelne Zeichnung will nie mehr sein als eine Skizze, als ein kurzes, rasch ausgeführtes Experiment, in dem sich zeigen kann, ob ein Formgedanke tragfähig ist oder verworfen werden muss.

Manchmal geschieht es, dass dem Zeichner erst sehr viel später bewusst wird, dass er beim Entwerfen etwas neues berührt hat. Nicht selten steckt der Kern eines neuen Ansatzes in einer Zeichnung, die er, unglücklich über ihren Verlauf, aufgegeben und beiseite gelegt hat, denn in den Ruinen sind die besonderen Strukturen manchmal klarer zu erkennen als in der vollständigen Arbeit.

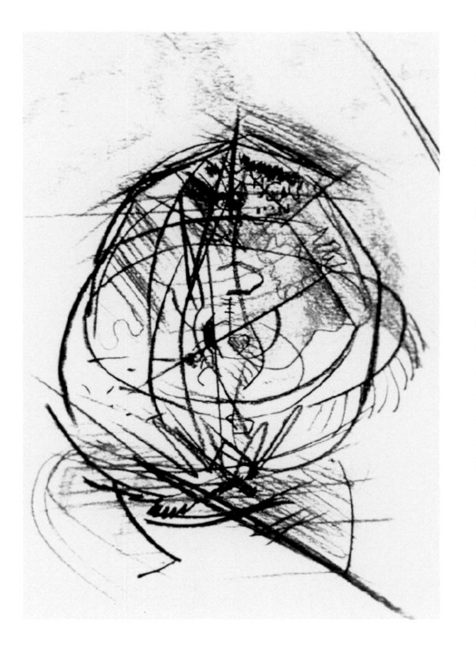

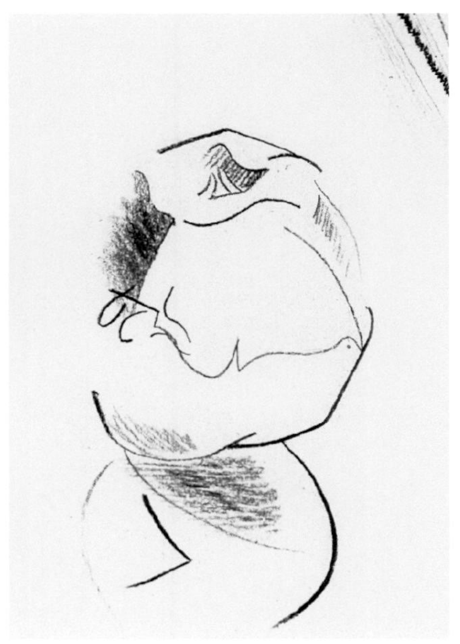

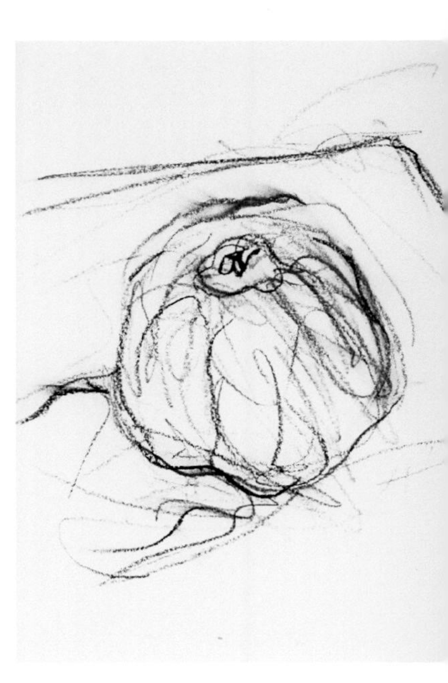

The single drawing never seeks to be more than a sketch, a short, hastily executed experiment in which it can be shown whether an idea or a formal notation is strong enough to be carried out or has to be discarded. It sometimes happens that the drawer is aware only much later that something new touched him during the drawing process. It is not rare for the seed of a new approach to be hidden in a drawing that, unhappy with his progress, the drawer has given up on and set aside. Certain structures are sometimes easier to recognize in the ruins of an attempt than in the completed work.

143–147: Roger Séguin, 29,7 × 21 cm, Bleistift, Kohle, Farbstift, Tusche / Pencil, charcoal, coloured pencil, ink.

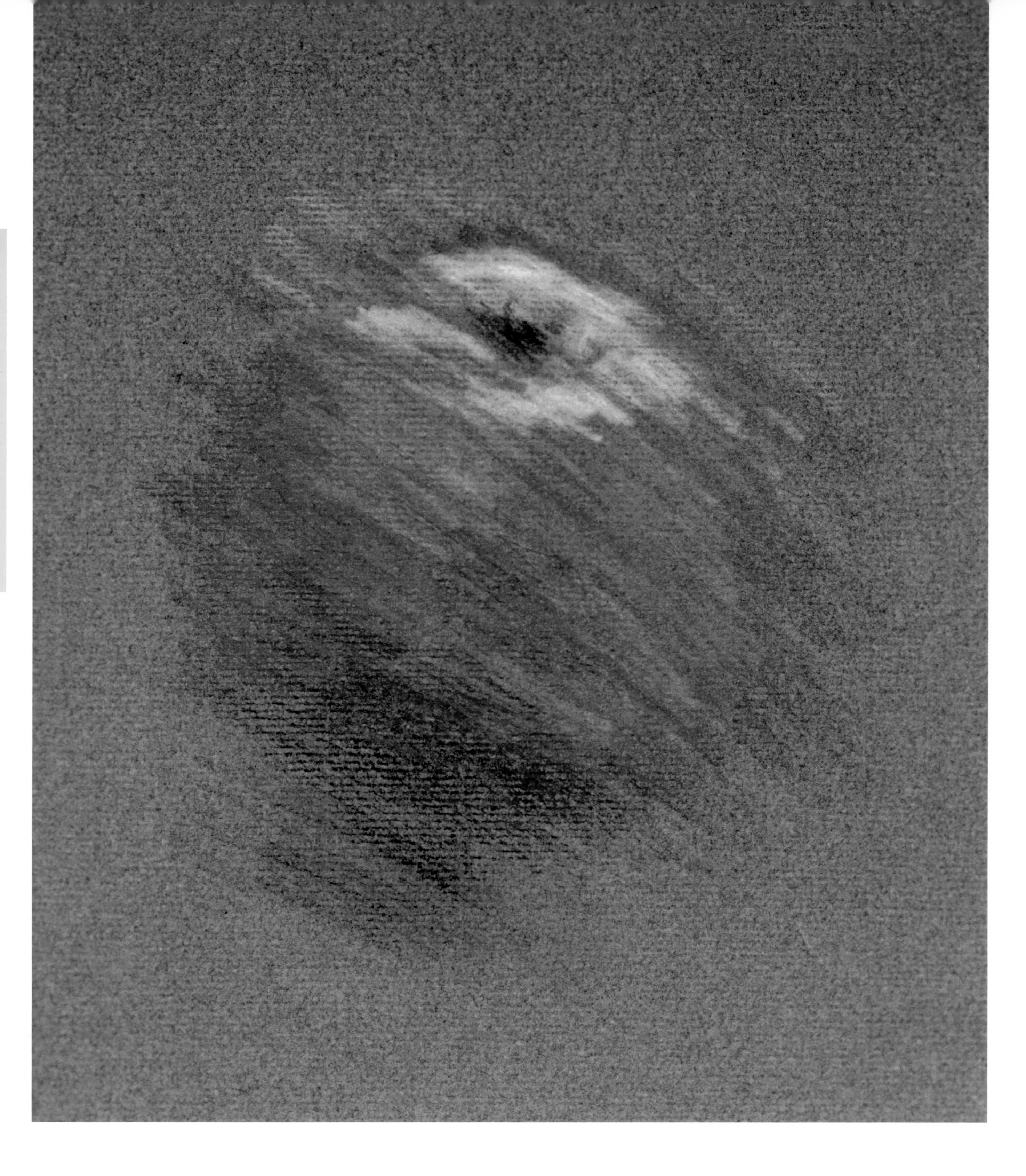

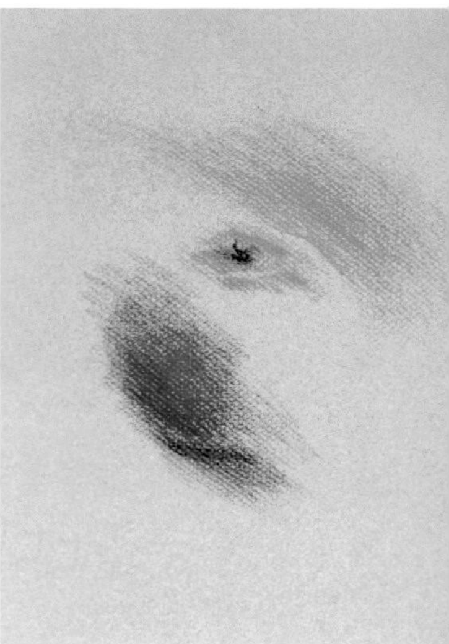

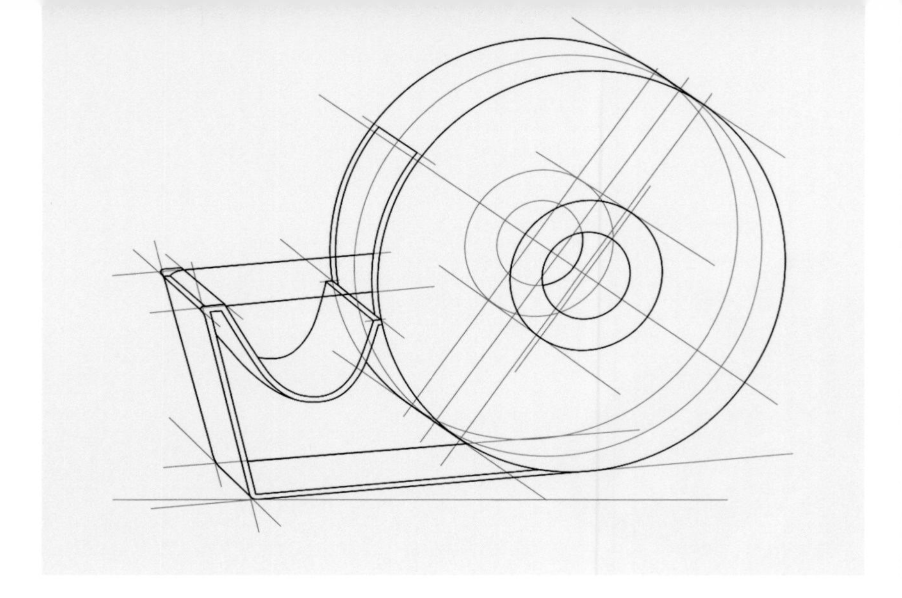

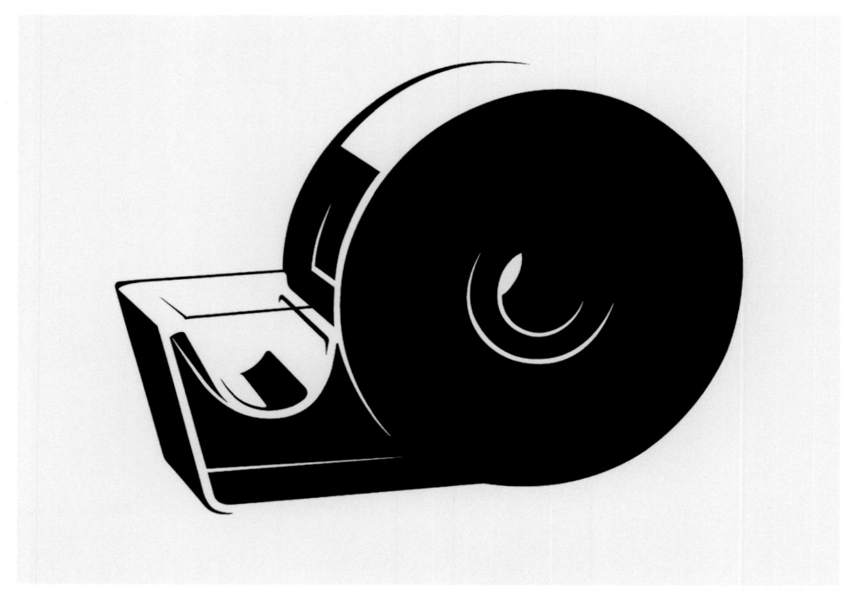

148–151: Die Form der Klebbandrolle wird in der Sprache des Computers definiert und wieder aufgelöst. Auch die räumliche Grundstruktur ist mit einem Zeichenprogramm erarbeitet. Dabei baut die Zeichnerin auf Kenntnissen auf, die sie sich im Freihandzeichnen angeeignet hat. Das Computerprogramm enthebt sie nicht der Aufgabe, Proportionen, Ansichtswinkel und Verkürzungen selbst zu bestimmen. Computergenerierte Bilder verbinden auf besondere Weise die Möglichkeiten einer komplexen Formulierung mit einer höchsten Präzision der technischen Ausführung.

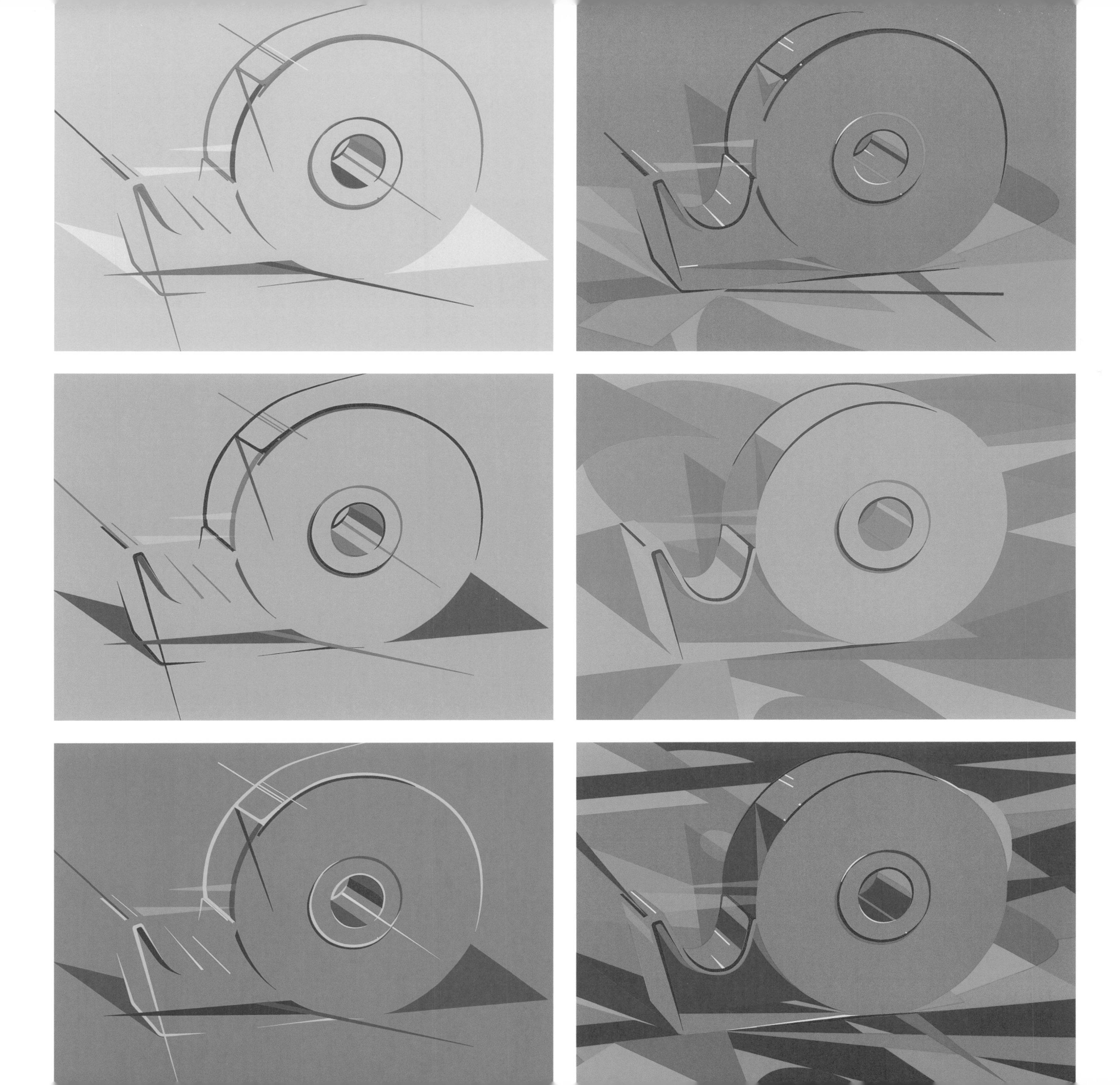

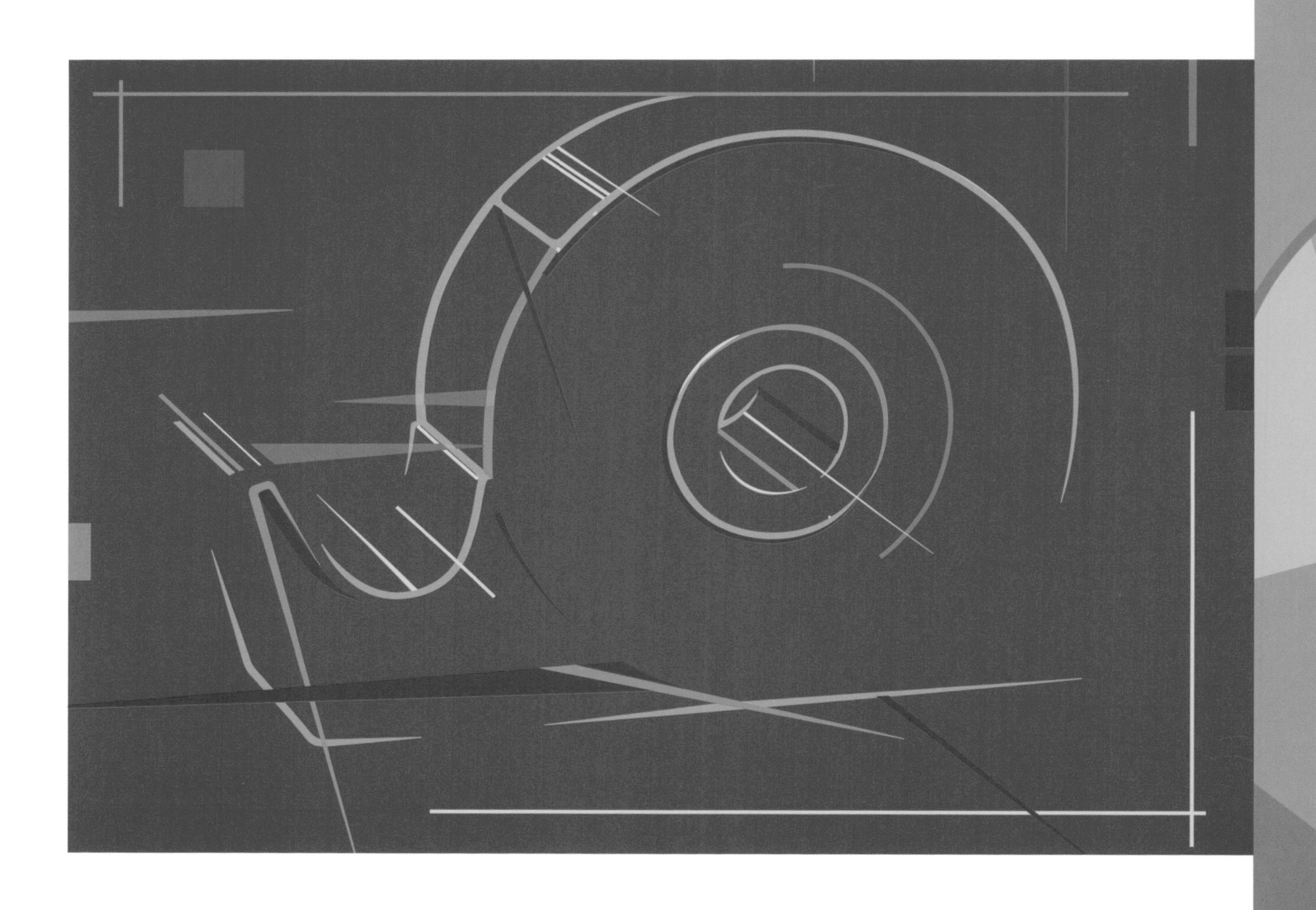

148–151: The shape of a roll of tape is defined and again dissolved in the language of the computer. Even the spatial ground structure is developed with a drawing program. In this process, the drawer builds on knowledge she has acquired in freehand drawing. The computer program does not relieve her of determining the task, the proportion, the perspective and the foreshortening. Computer-generated images combine the possibilities of a complex formulation with a high degree of technical precision in very special ways.

148–151: Sandra Hoffmann, Apple Macintosh, Adobe Illustrator 3,0.

Die Rotationsbewegung, die sich aus dem Zentrum der Muschel nach aussen hin zu beschleunigen scheint, erfasst neben der Form auch die Farbe und mischt diese zu neuen Klängen. Form und Farbe sind von der Beobachtung angeregt, schaffen aber eine neue, nur das Bild betreffende Wirklichkeit.

The rotational motion, which appears to advance from the center of the shell outward, takes not only the form but also the colors and mixes these together into new tones. Color and form are suggested by observation, but they create a new reality which has to do with the image alone.

Dorothy Funderwhite, 18 × 18 cm, Tempera / Tempera.

Ordnen

Creating Orders

Kurs:
Zeichnen Umsetzen, Zeichenlager
Course:
Drawing, Translation, Workshop

Lehrer / Instructor:
Peter Olpe

Fachbereich:
Weiterbildungsklasse für Grafik
Department:
Advanced Class for Graphic Design

Seiten / Pages: 155 – 161, 168 – 173

Kurs: Grafik 1, Zeichenlager
Course: Graphic 1, Workshop

Lehrer / Instructor:
Moritz Zwimpfer

Fachbereich:
Fachklasse für Grafik
Division:
Graphic Design (Undergraduate)

Seiten / Pages: 164 / 165

Kurs: Landschaftszeichnen
Course: Drawing, Landscape

Lehrer / Instructor:
Peter Stettler

Fachbereich:
Fachklasse für Grafik
Department:
Graphic Design (Undergraduate)

Seiten / Pages: 162 / 163, 166 / 167

Ist die Landschaft – eines der zentralen Themen der Kunst des 19. Jahrhunderts – heute noch ein Gebiet, mit dem sich junge Gestalterinnen und Gestalter auseinandersetzen sollen? Viele Klassen der Basler Schule für Gestaltung, die dem zeichnerischen Entwerfen Bedeutung beimessen, verbringen mehrere Tage oder sogar Wochen der Ausbildungszeit im Freien; hinter Staffeleien, auf Feldsesseln, Hüte auf den Köpfen, um die Augen vor dem hellen Licht des Himmels zu schützen, die Füsse im Gras oder auf dem Waldboden, eingehüllt von den Geräuschen und Gerüchen der Natur.

Es wird aber nicht in erster Linie das romantische Naturerlebnis gesucht, sondern trainiert, in der überwältigenden Fülle optischer Eindrücke, denen man rundum ausgesetzt ist, eine Wahl zu treffen. Wie ist dies alles «in den Griff» zu bekommen: Farbe, Licht, Raum, die grossen Formzusammenhänge und die Details der Oberflächen, das Gras, das Laub an den Bäumen usw.? Wie ist die Struktur beschaffen, die man der Bildidee zugrunde legt, welcher Ausschnitt ist zu wählen, und wie setzt man ihn in eine Bildkomposition um? Welche Darstellungsmittel benutzt man, mit welchen formalen Absichten?

Wohl kein anderes Thema ist so wie die Landschaft geeignet, transparent werden zu lassen, wie sehr Zeichnen Erfinden bedeutet. Konzeptionelles Denken und Abstraktionsvermögen sind gefordert, damit man als Zeichnerin nicht in der Komplexität der visuellen Eindrücke untergeht.

Die Reihe von Beispielen aus verschiedenen Kursen beginnt mit linearen Schwarzweisszeichnungen, die das Raumgefüge und den Rhythmus von Bäumen im Wald thematisieren, wird mit Entwurfsreihen über Bäume in der Landschaft fortgesetzt, bei denen mit der Hilfe des Pinsels Farbe in die zeichnerischen Darstellungen hineingetragen wird, und endet mit rein malerischen Formulierungen der offenen Landschaft, in denen eine fleckhafte und flächige Formsprache und damit die Farbe und das Licht dominieren.

Is landscape – one of the central themes in the art of the 19th century – still an area that young designers should concern themselves with today? Many of the classes at the Basel School of Design that attach importance to drawing spend several days, or even weeks, of school time out of doors: behind easels, on camp chairs, hats on heads to protect the eyes from the bright light of the sky, feet in the grass or on the floor of the forest, enveloped by the sounds and smells of nature.

However, it is not the romantic experience of nature that is primarily sought here, but the training to make choices from the overwhelming abundance of optical impressions with which one is surrounded. How is this "knack" to be gotten: color, light, space, the large formal connections and the surface details, the grass, the foliage on the trees, etc.? How is the structure created that lays the ground for the visual idea, which piece of the whole is to be selected, and how does one translate it into a visual composition?

Certainly, no other theme is as fitting as landscape to show how much drawing means discovering. Conceptual thinking and powers of abstraction are required to ensure that the drawer does not drown in the complexity of visual impressions.

This series of examples from different courses begins with linear black and white drawings that take up the theme of spatial structure and the rhythm of the trees in the forest, is continued with series about trees in the landscape, in which color is brought into the graphic depiction with the help of a brush, and ends with purely painterly formulations of the open landscape, in which a flat, dot-like formal language dominates and, with that, color and light.

155–157: Ein Walddickicht wird zeichnerisch «ausgeforstet»: Die Gestalterin versucht eine Ordnung herzustellen, indem sie aus den waagerechten Ästen und den senkrechten Stämmen Spielmaterial gewinnt. In mehreren Versuchen variiert sie die Anzahl und Dichte der senkrechten und waagerechten Elemente und gewinnt so einfache, aber formstarke Waldbilder.

155–157: A forest thicket is graphically "de-forested" as the designer attempts to produce an order by taking her playing material from the horizontal branches and the vertical trunks. Over several experiments, she varies the number and thickness of the vertical and horizontal elements, and in this way obtains simple but formally strong images of the forest.

155 – 157: Maria Eugenia Calderon,
21 × 29,7 cm, Kohle / Charcoal.

Beschreiben und Rhythmisieren: Bäume sind dank ihrer einfachen Grundstruktur und der unendlichen Vielfalt ihrer individuellen Ausformungen ein hervorragendes Motiv für Organisations- und Kompositionsübungen. Die hohe Komplexität zwingt zu radikalen zeichnerischen Eingriffen.

158: Douglas Sellers, 15 × 21 cm, Kohle / Charcoal.

Describing and rhythmizing: Trees are an excellent motif for organization and composition exercises, thanks to their simple basic structure and the endless variety of their individual forms. A high degree of complexity forces the drawer to take radical action, which leads to a range of formulations.

159–161: P. O., 29,7 × 42 cm, Bleistift / Pencil.

Zeichnerische und malerische Artikulation sind miteinander verbunden. Der Pinsel trägt die Farbe in die zeichnerisch aufgefasste, mit linearen Mitteln gegliederte Darstellung der Baumgruppe.

Articulation in drawing and articulation in painting are combined. The brush carries color into the depicted group of trees, which have been graphically interpreted with a linear medium.

Marianne Lichtin, 46 × 34 cm, Tempera / Tempera.

Eine Entwurfsreihe mit dem Versuch, das Landschaftsmotiv einer zunehmenden Abstraktion zu unterziehen. Ausgangspunkt ist eine Skizze, die im Freien entstanden ist. Eine malerisch flächige Auffassung wandelt sich Schritt für Schritt in eine linear zeichnerische.

A series of drawings attempting to subject the landscape motif to an increasing degree of abstraction. The departure point is a sketch that was drawn while the student was outside. A flat, painterly interpretation changes step by step into a linear graphic work.

Boris Bachmann, 41 × 52 cm, Tempera / Tempera.

166–173: Auf den vier Doppelseiten sind vier verschiedene Auffassungen von Landschaftsdarstellungen zu sehen. Es sind nicht nur vier unterschiedliche formale Konzepte, sondern in den Beispielen zeigen sich auch die unterschiedlichen Persönlichkeiten von vier Gestalterinnen, die geprägt sind von ihrem besonderen kulturellen Hintergrund.

166–173: On these four double pages, four different conceptions of landscape depiction can be seen. They are not only four different formal concepts; the examples also show the different personalities of four designers, each stamped with her own special cultural background.

166/167: Die Landschaft als freie Erfindung: Die Vorstellung einer Landschaft mit hohem Horizont gibt der Zeichnerin eine Orientierung. An der Grenze zur Ungegenständlichkeit sucht sie nach idealen Farb- und Formgliederungen und nach der Idee des reinen Bildes, das nur noch Rhythmus und Komposition sein möchte.

166 / 167: The landscape as free invention: The conception of a landscape with a high horizon provides the drawer with an orientation. At the border of nonobjectivity, she searches for ideal arrangements of color and form, and for the idea of pure image, which seeks only to be rhythm and composition.

Marianne Lichtin, ca. 40 × 35 cm, Tempera / Tempera.

Abstraktion mit dem Mittel des Flecks. Licht und Farbe sind verdichtet in Feldern unterschiedlicher Grösse.

Abstraction by means of dots. Light and color are compressed into fields of varying sizes.

Patricia Cué, 40 × 60 cm, Tempera / Tempera.

Aus der direkten Anschauung der Landschaft ist diese besondere Form der Abstraktion gewonnen. Es geht der Zeichnerin nicht darum, den Prozess des Beobachtens und Umsetzens zu objektivieren, sondern sie versucht, das Geschaute mit der eigenen Phantasie zu überlagern.

This special form of abstraction has been obtained from direct observation of the landscape. The drawer is not concerned with objectifying the process of observation and interpretation, but rather tries to overlay what she sees with her own fantasy.

Regina Fazlic Rodrigues, 40 cm × 60 cm, Tempera / Tempera.

Ein breiter, nasser Pinsel trägt die Farbe, transportiert sie von der Palette ins Bild. Das Anmischen der Farbe und das Auftragen in die Bildfläche scheint der gleiche Vorgang zu sein. Die Struktur der hauptsächlich horizontal organisierten Komposition erinnert an eine schriftliche Notiz.

A wide, wet brush carries the paint and transports it from the palette to the picture. The mixing of colors and their application on the picture surface appear to be the same process. The structure of this primarily horizontally-oriented composition reminds one of written notations.

Yukie Kaburaki, 20 × 28 cm, Tempera /
Tempera.

4

Verdichten Compressing

Der direkte Zugriff

The Direct Action

Kurs: Grafik 1
Course: Graphic 1

Lehrer / Instructor:
Moritz Zwimpfer

Fachbereich:
Fachklasse für Grafik
Department:
Graphic Design (Undergraduate)

Seiten / Pages: 177 – 185

Kurs:
Zeichnen Umsetzen, Zeichenlager
Course:
Drawing, Translation, Workshop

Lehrer / Instructor:
Peter Olpe

Fachbereich:
Weiterbildungsklasse für Grafik
Department:
Advanced Class for Graphic Design

Seiten / Pages: 186 – 191

Kurs: Tierzeichnen
Course: Drawing, Nature

Lehrer / Instructor:
Paolo Pola

Fachbereich:
Lehramt für bildende Kunst
Department:
Art Education

Seiten / Pages: 192 – 199

In der skizzenhaften Form verarbeitet die Zeichnerin Erfahrungen und Kenntnisse aus allen Bereichen der zeichnerischen Darstellung. Die Skizze ist eine radikale Vereinfachung, mit dem Ziel, die Wahrnehmung zu fokussieren. Sie kann ein reiches, persönliches Lehrmittel sein, wenn ihre Herstellung nicht im Formelhaften erstarrt ist, sondern dazu anregt, immer wieder mit wachem Interesse hinzuschauen und im zeichnerischen Entwurf Wichtigeres von weniger Wichtigem zu trennen. Die Zeichnerin erweitert und bereichert dann ihre Phantasie und ihr Wissen: «Ich zeichne, also sehe ich.» Im Bemühen, die Dinge wiederzugeben, die sie sieht, erkennt sie einen Teil ihres Wesens. Wenn sie zum Beispiel die Farbe des Himmels auf der Palette nachmischt, hat sie sich ein tieferes Wissen angeeignet, als wenn sie nur hingeschaut hätte. Und so wie die Worte einer kurzgefassten schriftlichen Notiz scharf und präzise in eine Sache eindringen können, besitzt auch die knapp gefasste Skizze das Potential neuer Erkenntnis.

Skizzenserien aus verschiedenen Kursen und Fachbereichen zeigen unterschiedliche Formen der Auseinandersetzung mit der Naturbeobachtung. In der ersten Gruppe untersuchen Grafiker die enge Wechselbeziehung zwischen Darstellungsmittel, Darstellungsform und Darstellungsobjekt. In der zweiten Gruppe – mit Skizzen eines Grafikers, der Dokumentation von Wetter-, Licht- und Stimmungsveränderungen einer Landschaft – steht die Farbe im Vordergrund, und in der dritten Serie mit Tierzeichnungen von Zeichenlehrern, geht es ums spontane Reagieren auf eine unablässig sich verändernde Situation.

In the roughly sketched form, the drawer works with experiences and knowledge from all areas of graphic representation. The sketch is a radical simplification aimed at focusing on perception. It can be a rich personal learning tool when it avoids stiffening into stereotype but stimulates one instead to look constantly with awareness, and to separate what is important in the drawing from what is less important. The drawer, moreover, broadens and enriches her fantasy and her knowledge: "I draw, therefore I see." In the effort of interpreting the objects she sees, she recognizes a part of their essence. If, for example, she mixes the color of the sky on her palette, she gains a deeper knowledge than if she had only looked at the sky. And just as the message of a quickly scribbled note can penetrate clearly and precisely to the heart of a matter, the tightly drawn sketch also has the potential for fresh insight.

Series of sketches from various courses and subject areas demonstrate forms the dialogue can take when nature is observed. In the first group, the artists are investigating the interrelation of tool, form and object of representation. In the second group – which includes a graphic designer's sketches documenting changes in the weather, light and mood of a landscape – color is predominant, and in the third series, which is comprised of drawings of animals done by drawing teachers, the theme is spontaneous responses to a continuously changing situation.

177–183: Die Skizzen von Ästen und Laub stammen aus dem Unterricht für Grafiker. Sie sind kleine Ausschnitte aus langen Entwurfsreihen, die jeder Schüler aus der Beobachtung seines Objektes gewinnt.

Ziel ist es, eine Umsetzungsform zu finden, in der das Zeichenmaterial und das Objekt eine enge, man könnte sagen «organische», Verbindung eingehen. Dabei treten Detailbeobachtung und zentralperspektivische Raumerklärung zurück. An ihre Stelle tritt die Idee einer ganzheitlichen Form, die sich entwickeln kann, wenn Auge, Kopf und Hand als Einheit agieren.

Flecken umkreisen die Form, definieren sie von innen und von aussen. Mit hohen Kontrasten wird bei den Beispielen links eine Binnenform modelliert, während rechts eine neue, radikal andere formale Idee erprobt wird. Die Zwischenräume sind hier Träger der Information. Aber sie sind nicht nur Hintergrund, sondern changieren zwischen Form und Grund, zwischen Licht- und Schattenfleck und vermitteln dadurch auch etwas von der Fragilität des Objektes.

Dots encircle the form, defining it from inside and out. In the examples on the left, an inner form is modeled in high contrast, while on the right, a new and radically different formal idea is tried out. The intervals in this case are vehicles of information. However, they are not only background but move between form and ground, between flecks of light and shade, and thus also convey something of the fragility of the object.

177–183: These sketches of branches and trees originated in classes for graphic designers. They are small extracts from the long series of works that results from each student's observation of his object. The goal is to find a form of interpretation in which the drawing material and the object can combine closely, one might say "organically". When this happens, observation of detail and vanishing-point perspective lessen in importance. In their place, what gains in significance is the idea of an entire form, such as can develop when eye, brain, and hand act as a unit.

Innen und aussen sind nicht immer getrennt. Der Pinsel berührt die Ränder, ohne die Räumlichkeit klar zu bestimmen.

Inside and out are not always separate. The brush touches the edges without clearly defining the space.

In der starken Reduktion auf «hartes» Schwarzweiss sind wesentliche Aspekte der pflanzlichen Form zeichenhaft verdichtet. Die radikale Methode bewirkt aber nicht eine Vergröberung, sondern geschieht mit der Absicht, die Aufmerksamkeit zu fokussieren.

In the strong reduction to "hard" black and white, essential aspects of the organic forms are graphically compressed. This radical method does not have the effect of coarsening the image; it is done rather with the aim of focusing attention.

177–183: Walter Scanu, ca. 15 × 15 cm,
Tusche / Ink.

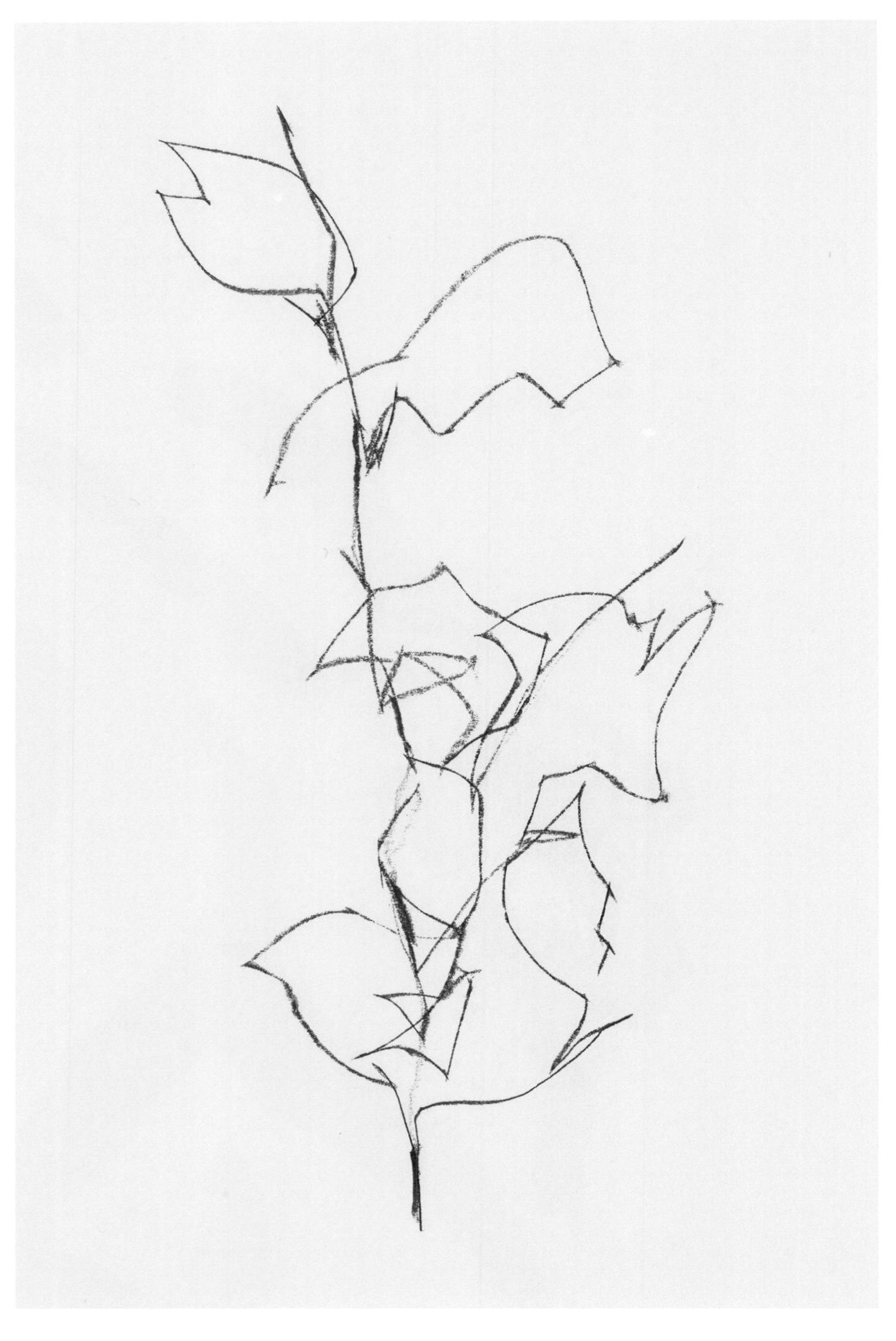

In der Konzeption wird der Prozess des pflanzlichen Wachstums aufgegriffen und in eine spontane zeichnerische Form umgesetzt. Die Skizzen entstehen sehr schnell. Die vier Beispiele stellen einen kleinen Ausschnitt dar aus einer Vielzahl von Skizzen ähnlicher Form. Die Zeichnerin hat versucht, die Bewegungsmotorik der Hand und ihre Wahrnehmung ineinander aufgehen zu lassen.

In this conception, the process of plant growth is taken up and interpreted as a spontaneous graphic form. The sketches are quickly drawn. These four examples represent a small extract from a larger number of sketches of similar form. The drawer has attempted to let the movement of her hand and her perception become one.

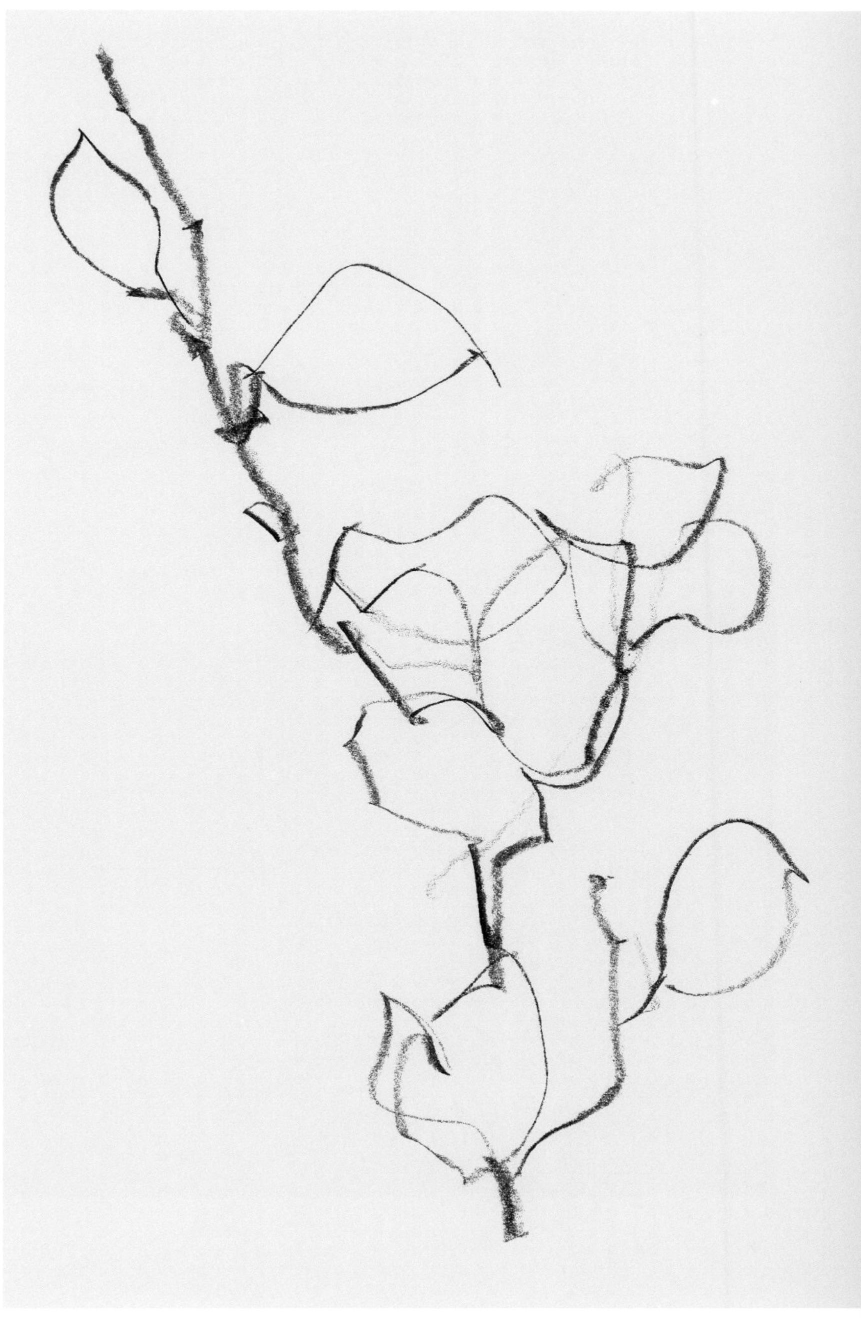

Marianne Lichtin, 42 × 29,7 cm, Bleistift / Pencil.

186–191: Ein Tagesablauf wird protokolliert. Die Landschaftsskizzen entstanden in einem Zeichenlager. Ausgangspunkt ist das Schauspiel einer Wetter- und Lichtveränderung in der offenen Landschaft. Die Farbe steht im Zentrum. Diese Arbeit steht stellvertretend für das keiner Modeströmung unterworfene Interesse des Gestalters am Naturstudium.

186–191: The course of a day is recorded here. Landscape sketches are made from a drawer's workshop. The departure point is the play of weather and lighting changes in the open countryside. Color is a focal point.

This work is representative of the designer's interest in nature studies, which is not subject to fashionable trends.

Auf wenige Flächen ist die Form der Landschaft reduziert. Ihre Umrisse sind die Gefässe für die Farben. Das kleine, postkartengrosse Format und ein dicker Pinsel zwingen den Zeichner zur Vereinfachung.

The form of the landscape is reduced to a few planes. Its outlines are receptacles for color. The small, postcard-sized format and a thick brush force the artist to simplify.

186–191: Douglas Sellers, ca. 15 × 20 cm, Tempera / Tempera.

192–199: Tierzeichnungen aus dem Unterricht für Zeichenlehrer: Das Objekt steht nie still, verändert unablässig seine Stellung. Wie das Nachleuchten eines optischen Eindrucks auf der Netzhaut, «brennt» der Zeichner die beobachtete Form aufs Papier. Spontan sind wesentliche von nebensächlichen Formaspekten zu trennen. Ist in der skizzierten Form des Kopfes zum Beispiel etwas von dem gesagt, was gerade noch zu sehen war? Und reflektieren die beschriebenen Volumen und Masse die Präsenz des Tieres? Die Notation bedient sich zwangsläufig skizzenhafter formaler Kürzel.

192–199: Drawings of animals from the course for drawing teachers. The object will not stand still but changes its position constantly. Like the afterimage of an optical impression on the retina, the drawer "burns" the observed form into the paper. Essential and nonessential formal aspects are spontaneously separated. Is something expressed in the sketched form of the head, for example, that was seen for an instant and then gone? And do the volumes and masses described in the sketch reflect the presence of the animal? The notation inevitably utilizes a sketchy formal shorthand.

192–195: **Léonard Felix, ca. 35 × 25 cm, Bleistift** / Pencil.

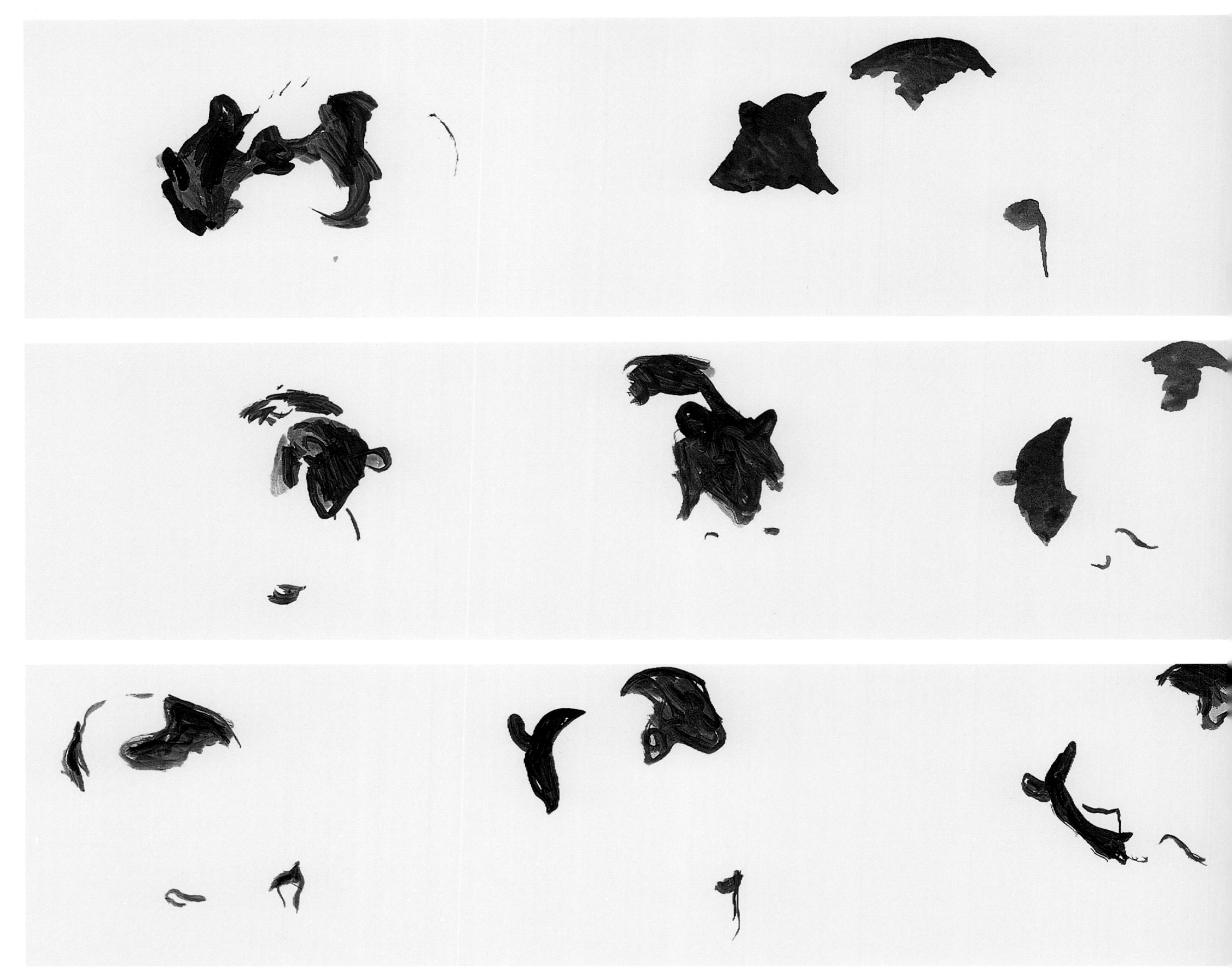

196–199: Die Hausratte. Zwei verschiedene formale Konzepte liegen den «filmischen», in Einzelbilder aufgelösten Bewegungsstudien zugrunde. Einmal ist es der Fleck (196/197), der die Farbe des Fells aufgreift und die flüchtige Erscheinung des kleinen Tieres in rascher Notation eines Helldunkels festhält. Zum andern wird mit Hilfe der Linie (198/199) nach räumlichen Erklärungen gesucht. Der Raum wird sichtbar in der Bildkomposition, den rasch wechselnden, unterschiedlichen Perspektiven und in der Interpretation der Tieranatomie. Die Linie schafft mit Überschneidungen räumliche Ordnungen.

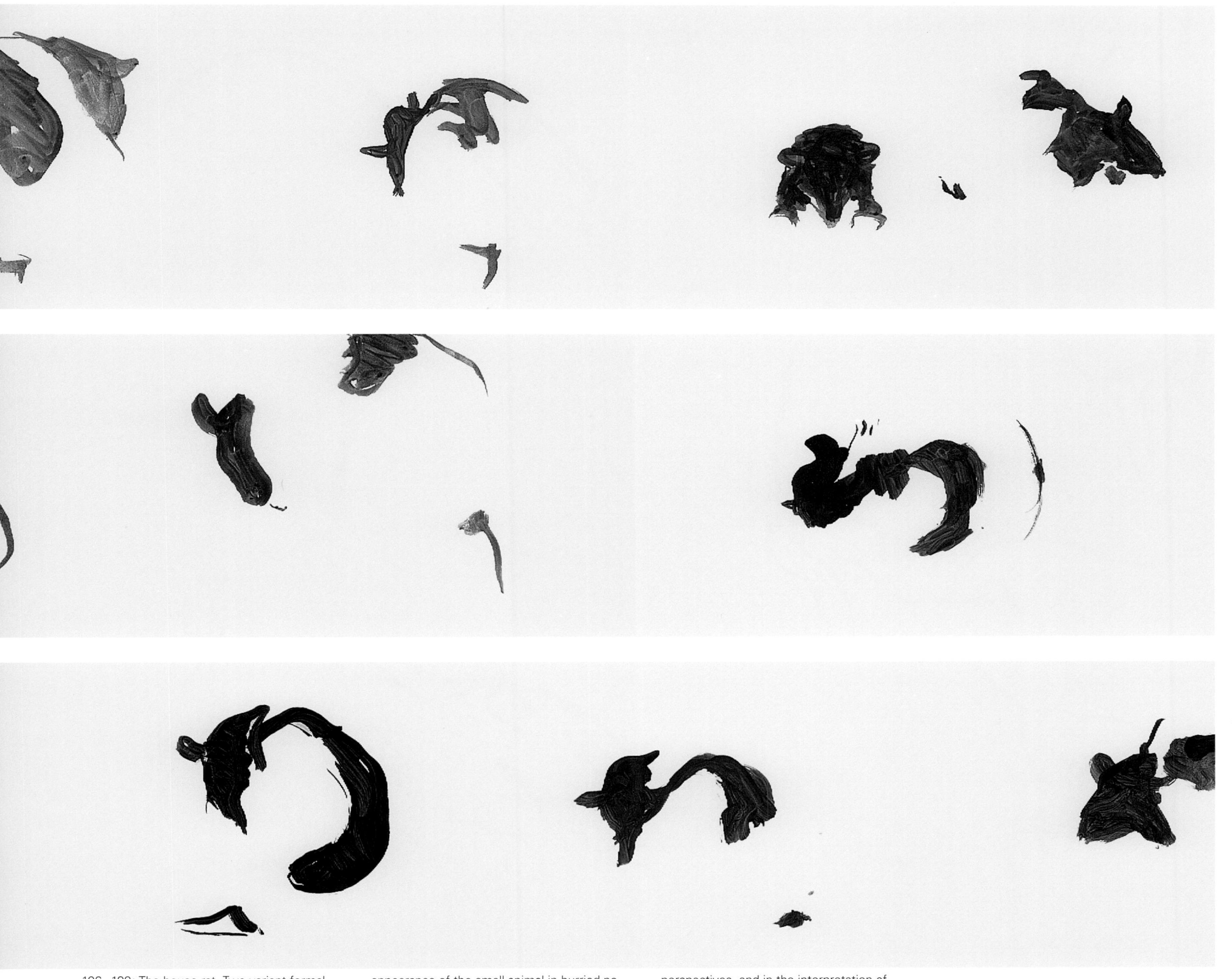

196–199: The house rat. Two variant formal concepts are based on "cinematic" motion studies broken down into individual images. In one (196/197), it is the dot which takes up the color of the fur and captures the fleeting appearance of the small animal in hurried notations of shading. In the other (198/199), spatial clarification is sought with line. Space becomes visible in the composition of the image, in the quickly changing and varying perspectives, and in the interpretation of animal anatomy. The line creates spatial order by means of intersections.

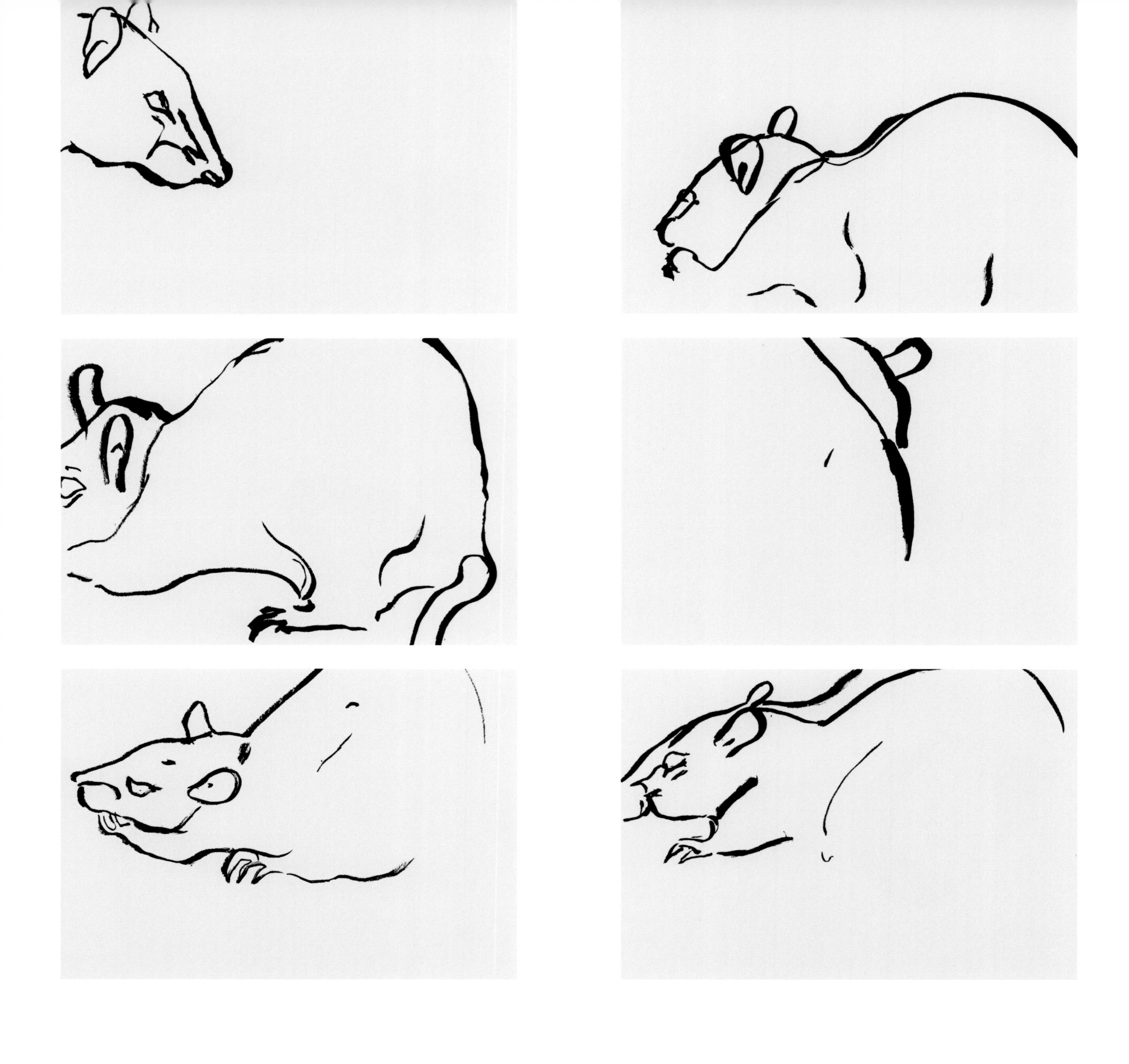

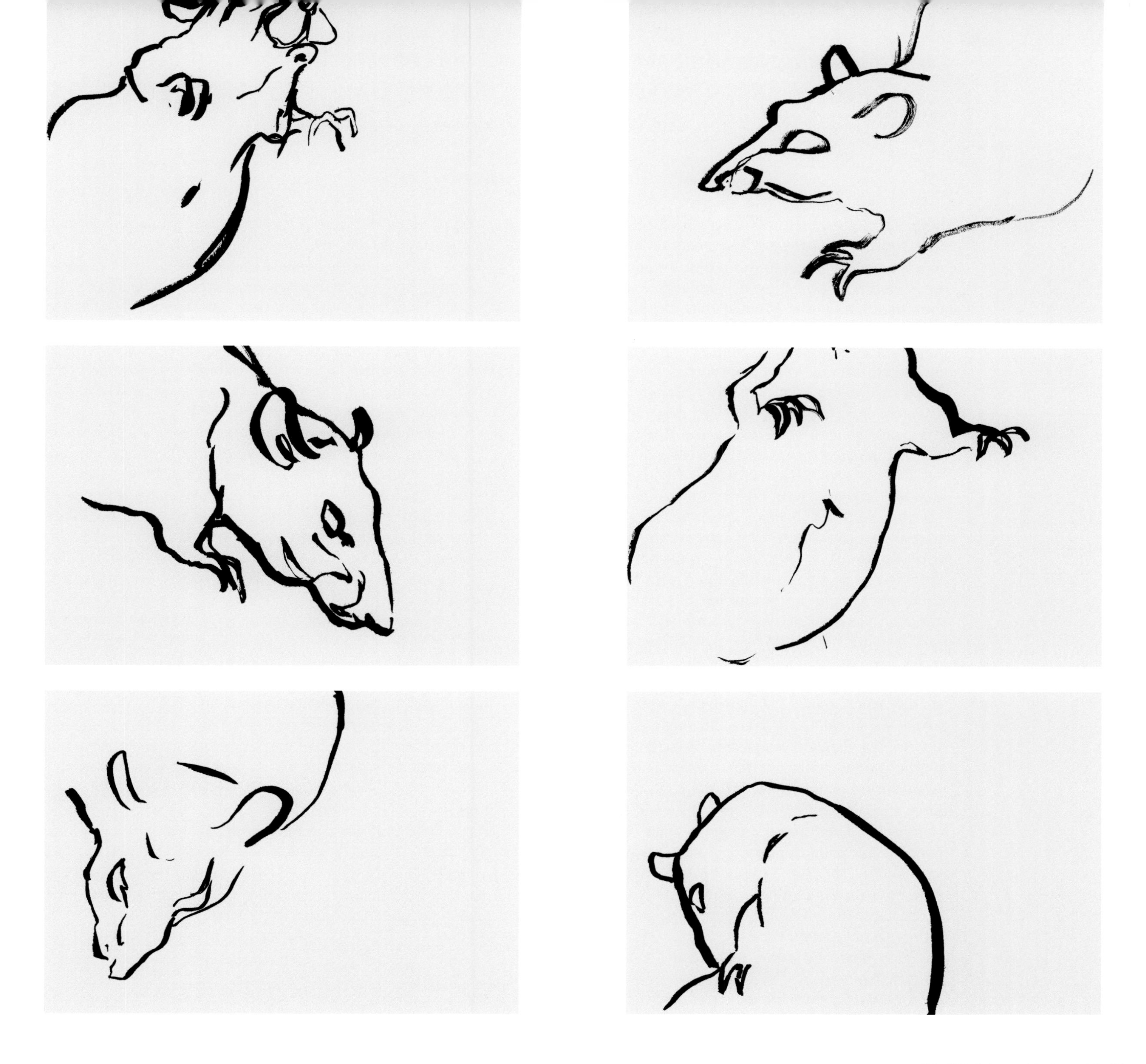

196–199: Rebecca Heeb, ca. 10 × 80 cm, Tusche / Ink.

Die Zeichnung wandelt sich zum Zeichen

The Drawing Transforms into the Symbol

Kurs: Typografie
Course: Typography

Lehrer / Instructor:
Wolfgang Weingart

Fachbereich:
Weiterbildungsklasse für Grafik
Department:
Advanced Class for Graphic Design

Seiten / Pages: 201–209

Kurs: Zeichnen, Computerprojekte
Course: Drawing, Computer Projects

Lehrer / Instructor:
Michael Renner

Fachbereich:
Weiterbildungsklasse für Grafik
Department:
Advanced Class for Graphic Design

Seiten / Pages: 210–217

Jeder zeichnerische Entwurf ist eine Reduktion oder Verdichtung. Man leistet als Zeichner immer bewusst oder unbewusst den Verzicht auf einige Aspekte der sichtbaren Realität. Allein schon die Tatsache, dass die Darstellung gegenüber der Wirklichkeit, die sie wiedergeben will, nur zweidimensional ist, oder dass zum Beispiel auf die Farbe verzichtet wird, zeigt schon, wie entscheidend und bestimmend Vereinfachungen sein können. Nun sind so betrachtet natürlich alle Arbeiten in diesem Buch Beispiele für die Behauptung, dass jede Zeichnung grundsätzlich eine Verdichtung sei. Und trotzdem ist diesem Aspekt ein eigenständiges Kapitel gewidmet?

Die meisten Beispiele dieses Buches stammen aus Ausbildungsbereichen, die sich mit angewandter gestalterischer Arbeit befassen. Vereinfachung im Sinne von Zeichenhaftigkeit sind darstellerische Kategorien, die selbstverständlich sind, wenn man sich damit auseinandersetzen muss, dass die Sachverhalte, die man mit visuellen Mitteln kommunizieren möchte, unmissverständlich und rasch wahrgenommen werden können. Der Gestalter muss sich formaler Kürzel bedienen, muss in der Lage sein, eine inhaltliche und visuelle Essenz zu gewinnen.

Er kann dafür zeichnerische Mittel wählen, die schon im Ansatz eine starke formale Reduktion bewirken; reines Schwarzweiss zum Beispiel. Und ferner tut er gut daran, schon in der ersten Entwurfsphase die Reproduzierbarkeit der Zeichnung ins Auge zu fassen, denn die Vervielfältigung ist eine selbstverständliche Kondition angewandter gestalterischer Arbeit, und die besonderen Bedingungen, die sich aus der Reproduktionstechnik für den Entwurf ergeben, sind – begreift man sie nicht als Behinderung, sondern als Inspiration – interessante Randbedingungen, an denen sich formale Phantasie entzünden kann.

Vier Beispiele sind in diesem Kapitel zusammengefasst. Gemeinsam ist ihnen, dass der Computer bei allen seine Spuren hinterlassen hat. Entweder wurde mit der «Maus» entworfen, oder die elektronischen Werkzeuge dienten zur Ausführung, das heisst Reinzeichnung, einiger der Darstellungen.

Every drawn design is a reduction or compression. When he is drawing, the drawer omits, consciously or not, some aspects of the reality he sees. The fact alone that the representation is only two-dimensional when compared to the reality he is trying to reproduce, for example, or that the color must be left out, shows how definite and decisive simplification can be. Thus seen, of course, all the works in this book are examples of the claim that every drawing is fundamentally a compression. Why is a separate chapter nevertheless devoted to this aspect?

Most of the examples in this book originate from fields of training that are concerned with work in graphic design. Graphic categories, which are clearly understood when one has to deal with them, are a simplification in the sense of signification; the matter that one wants to communicate through visual means can be quickly and unmistakably perceived. The designer has to use a formal shorthand; he has to be able to extract both the substantial and the visual essence.

To achieve this end, he can choose drawing mediums that already at the outset create the effect of a strong formal reduction: pure black and white, for example. Further, it would be wise for him to keep in consideration the reproducibility of the drawing already during the first design phase, because duplication is a given condition of graphic design, and the special requirements of graphic reproduction technology – seen not as hindrances but as inspiration – create interesting parameters which can spark fantasies of form.

Four examples have been collected in this chapter. What is common to them is that the computer has left its traces on all of them. They were either designed with the mouse or electronic equipment was utilized to execute the work – in other words, finale drawing.

In der ersten Gruppe, den Baumzeichnungen von zwei Grafikerinnen, wird mit zwei unterschiedlichen Formen der Zeichenhaftigkeit operiert. Zum einen ist es ein einziger, bestimmter Baum, der immer wieder neu mit «gummig-eckigen» Linien formuliert wird, die typisch sind fürs Zeichnen mit der Computermaus auf dem «mouse pad», zum andern werden verschiedene Baumarten vereinfacht, indem alle mittels der vergröbernden Matrix der Pixelauflösung zur formalen Ähnlichkeit gebracht werden.

Die Entwurfsserien mit der Ananas und der Glühbirne sind Versuche, in die Grundstrukturen der Dinge einzudringen und Formen freizulegen, mit denen etwas Allgemeines über ihre Beschaffenheit oder Funktion ausgesagt werden kann.

In the first group, the tree drawings by two designers, the signification is handled in two different ways. In one there is a single distinct tree, continuously reformulated with "eraser corner" lines, typical for drawing with a mouse on a mouse pad. In the other, various kinds of trees are simplified, in that everything has been brought to a formal similarity through the coarse matrix of pixel resolution.

The design series with pineapples and light bulbs are attempts at penetrating the basic structure of objects and exposing the forms that express something general about their nature or function.

201 – 209: Zwei grundsätzlich verschiedene Formen der Zeichenhaftigkeit und Verdichtung: Links das formale Kürzel der Idee «Baum», als spontane zeichnerische Aktion mit der Computermaus als Werkzeug (202 / 203). Rechts die Umsetzung eines bestimmten Baumes, aufgelöst und zur Zeichenhaftigkeit verändert im Grobraster eines Computerprogrammes (204 – 209).

201 – 209: Two fundamentally different forms of drawing and compression. On the left, the formal shorthand of the idea of "Tree" as spontaneous graphic action using the computer mouse as a tool (202 / 203). On the right, the interpretation of a specific tree, broken down and transformed into signification within the coarse grid of a computer program (204 – 209).

Die zeichnerische Artikulationsfähigkeit der Computermaus ist eingeschränkt, vergleicht man sie mit einem traditionellen Zeichenwerkzeug. Heftige Richtungsänderungen führen zu anderen Resultaten, als man erwartet. Und die Maus reagiert nicht auf Druckveränderungen der Hand. Faktoren, die die etwas schablonenhafte Formsprache mit verursachen, aber auch zu einer originellen und eigenwilligen Umsetzungsform führen.

The computer mouse's capacity for graphic articulation is limited when compared to a traditional drawing tool. Dramatic changes in the mouse's direction lead to unexpected results. Next to that, the mouse does not react to pressure from the hand. All are factors created by its somewhat template-like formal language, but which lead to an original and self-willed interpretation.

201 – 203: Olga Burkard, Apple Macintosh, MacPaint.

204–209: Eine individuelle Form trifft auf eine individuelle Formulierung. Jeder Baum ist anders bearbeitet, und die Zeichnerin versucht, die besonderen Eigenschaften seiner Erscheinung, seine Form, Spuren des Alters, eines Wachstumsprozesses usw. herauszustellen und zeichenhaft zu verstärken. Dabei legt die Elektronik, die das Bild in seiner Machart bestimmt, einen Filter über die Darstellung, eine Rasterung, die der Vielfältigkeit der Entwürfe eine Einheit gibt.

204–209: An individual form hits on an individual formulation. Each tree is treated differently, and the drawer works to stress its appearance, its form, the traces of its age, its process of growth, and so on, and to strengthen these aspects graphically. At the same time, the electronic system, which defines the image in its own way, lays a filter over the picture, a screen which gives a unity to the multiplicity in the drawings.

Entwurf einer «elektronischen Landschaft», zusammengesetzt aus Fotokopien auf Papier und Folien.

Picture of an "electronic landscape", composed of photocopies on paper and foil.

201, 204–209: Adrienne Pearson, Apple Macintosh, MacPaint.

210–213: Handskizzen einer Formreduktion, hergestellt mit dem Pinsel und schwarzer und weisser Farbe. Die Zeichnerin versucht, eine formale Grundstruktur der Ananas freizulegen. Aus dem langen Prozess der Formfindung sind einige Stationen wiedergegeben.

210–213: Hand sketches of a formal reduction, produced with brush and black and white paint. The drawer tries to reveal a formal structure of the pineapple. A few stages from the long process are reproduced here.

Manchmal ist zu beobachten, dass jemand, der mit der zeichnerischen Reduktions- und Umsetzungsarbeit beginnt, mit Begeisterung sich auf jene visuellen Aspekte konzentriert, die den absoluten Sonderfall der Sache darstellen. Denn die eigenartige, ungewöhnliche, vom Typischen abweichende Form, die möglicherweise besondere Assoziationen auslöst, scheint viel interessanter zu sein als die das Charakteristische der Sache betonende. Das Typische zu gestalten wird nicht als Herausforderung empfunden. Dabei soll die Formulierung selbst zum Sonderfall werden, sie soll eigenartig und überraschend sein, der alten Weisheit folgend, dass es nicht die Sache selbst ist, die man als interessant oder langweilig empfindet, sondern nur die Art, wie man über sie spricht.

It often happens that someone, beginning with graphic reduction and interpretation work, enthusiastically concentrates on every visual aspect that makes that object exceptional. This is because the unique, unusual forms that deviate from the typical, and possibly trigger special associations, seem to be more interesting than those emphasizing its characteristic nature. Giving form to the typical is not perceived as a challenge. The formulating itself should therefore become the exceptional event. It should be unique and surprising and follow the old wisdom that it is not the thing itself that one finds interesting or boring, but only the way in which one talks about it.

210 – 213: Dorothy Funderwhite, 29,7 × 21 cm,
Schwarze und weisse Dispersionsfarbe /
Black and white opaque paint.

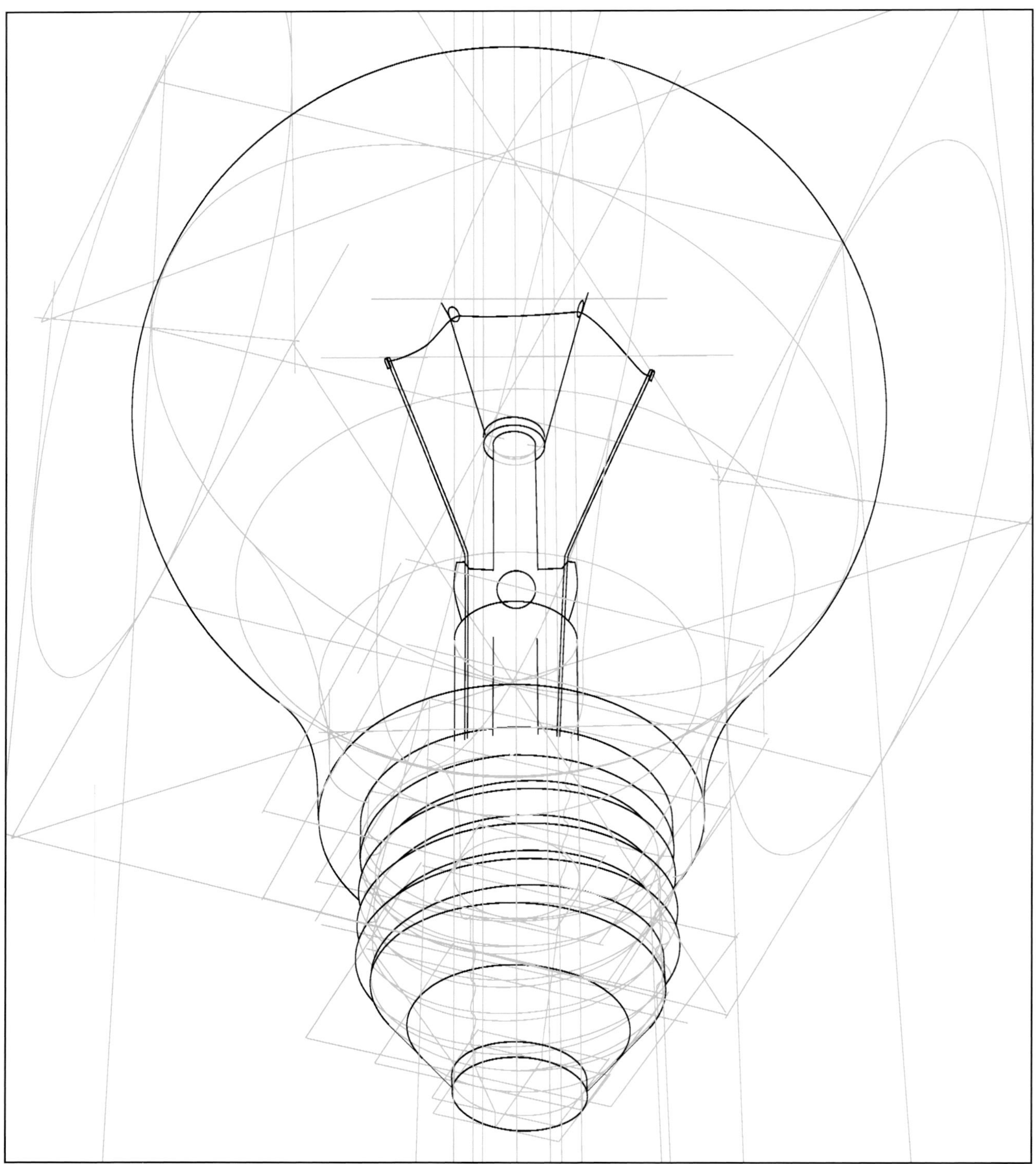

214–217: Verdichten im Sinne von Zusammenfügen. Handskizze, Fotografie und computergeneriertes Formmaterial werden miteinander in Beziehung gebracht. Ein neues Bildvokabular entsteht, das ähnlich einer aus unterschiedlichen Idiomen gebildeten neuen Sprache zu besonderen, aussergewöhnlichen Mitteilungen in der Lage ist.

214–217: Compression as joining together. Hand sketch, photograph, and computer-generated formal material are brought into relation with one another. A new vocabulary of image is developed, which, similar to a new language made up of various idioms, is capable of special and unusual communications.

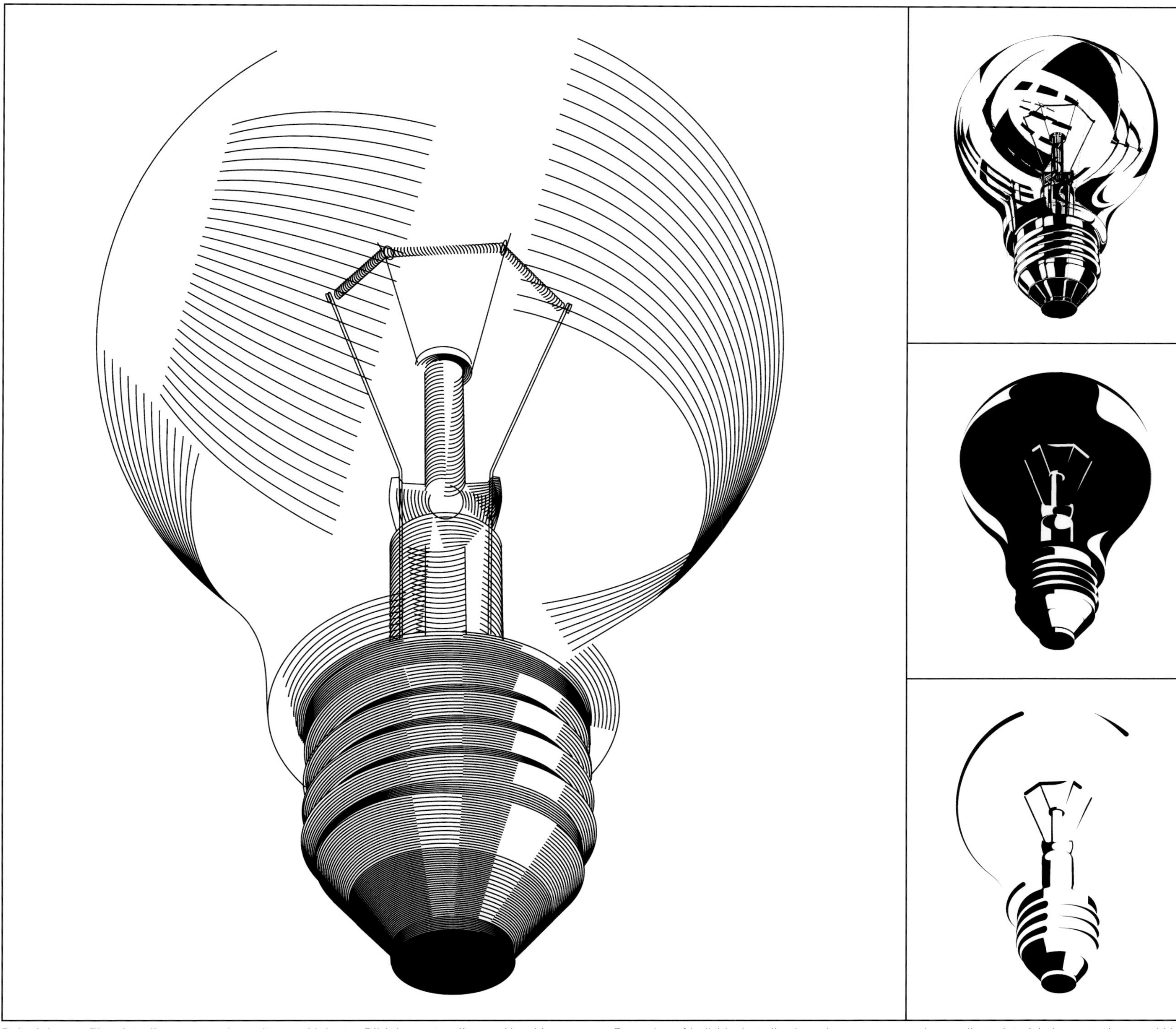

Beispiele von Einzelstudien entstanden mit elektronischen Werkzeugen und von Hand, mit Pinsel und Farbe auf dem Papier. Der Computer erlaubt eine Feinheit der Auflösung und Präzision in der Nuancierung kleinster Bildelemente, die von Hand herzustellen undenkbar ist. Andererseits hilft die Handskizze mit dem Pinsel und der schwarzen Farbe rasch Wesentliches von Nebensächlichem zu trennen.

Examples of individual studies have been developed with electronic tools and by hand, with brush and paint on paper. The computer allows for a fineness of resolution and precision in the creating of nuances within the smallest pictorial elements that would be unthinkable to produce manually. On the other hand, the hand sketch helps, with brush and black paint, to quickly separate the essential from the nonessential.

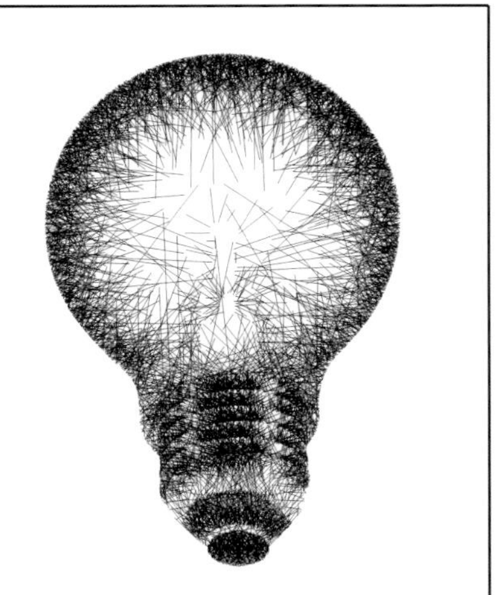

Auf dem Computer hergestellte Zeichnungen werden mit einer überarbeiteten Fotografie verschmolzen.

Drawings produced on the computer are merged with a reworked photograph.

214 – 217: Sylvan Blok, Apple Macintosh,
Adobe Illustrator, Adobe Photoshop.

Kurs: Zeichnen Umsetzen
Course: Drawing, Translation

Lehrer / Instructor:
Peter Olpe

Fachbereich:
Weiterbildungsklasse für Grafik
Department:
Advanced Class for Graphic Design

Seiten / Pages: 219 – 223

Kurs: Grafik 1
Course: Graphic 1

Lehrer / Instructor:
Moritz Zwimpfer

Fachbereich:
Fachklasse für Grafik
Department:
Graphic Design (Undergraduate)

Seiten / Pages: 224 – 227

Verdichten im Hinblick auf die Reproduktion

Die Reproduktionstechnik kennt grundsätzlich zwei Verfahren, mit denen eine Farbdarstellung für den Druck vorbereitet wird. Ein automatisches, heute weitgehend computergestütztes, das ohne besonderes Dazutun der Gestalterin eine Darstellung, gleichgültig ob es sich um Zeichnungen, Collagen oder Fotografien handelt, in die vier Druckfarben Cian, Magenta, Gelb und Schwarz zerlegt und die vier entsprechenden Druckvorlagen herstellt.

Und ein zweites, bei dem die Gestalterin nicht von den oben erwähnten sogenannten Prozessfarben ausgeht, sondern die Anzahl und Art der Druckfarben und die Form der einzelnen Druckvorlagen selber bestimmt. Die Entwurfsarbeit für dieses individuellere Vorgehen basiert nicht notwendigerweise auf manuellen Verfahren, denn die Druckformen können auf jedem erdenklichen Weg gewonnen werden, auch über den Computer zum Beispiel. Was aber die gestalterische Arbeit zur Hauptsache interessant macht, sind die Eingriffsmöglichkeiten in jeder Phase des Entstehungsprozesses. Die Entwerferin hat von Anfang an zu berücksichtigen, in welchem Druckverfahren ihre Arbeit reproduziert werden soll, denn jede Technik, ob Offset- oder Siebdruck, um nur zwei Beispiele zu nennen, hat unterschiedliche Möglichkeiten oder Einschränkungen.

Bei beiden Arbeitsbeispielen beginnt der Entwurfsprozess mit ausführlichen zeichnerischen Studien nach der Natur. Ohne auf drucktechnische Einschränkungen zu achten, wird nach formalen Charakteristika gesucht. Dann setzt die Reduktions- und Verdichtungsarbeit ein. Zuerst wird entschieden, dass sich – bei beiden Beispielen – die Umsetzung einer flächigen Formsprache bedienen soll, wie sie typisch für den Siebdruck ist. Ausserdem wird die Anzahl der Farben festgelegt. Die Gestalterin ist nun während der weiteren Entwicklungsarbeit mit einer Serie von Einschränkungen konfrontiert und herausgefordert, innerhalb der technischen und gestalterischen Konditionen eine möglichst ausdrucksstarke Lösung zu finden. Zwangsläufig entwickeln sich bei beiden Beispielen, beim Baum und den Pflanzenmotiven, die Bildideen in Richtung Vereinfachung, Klärung und Zeichenhaftigkeit.

Compressing for Reproduction

There are basically two technical reproduction processes that prepare a color graphic for printing. One is an automatic process which today is largely supported by computers. Without special assistance from the designer, this process breaks down a graphic work, be it a drawing, a collage or a photograph, into the four printing colors – cyan, magenta, yellow and black – and produces four corresponding color proofs.

Then there is a second process, in which the designer does not begin with the so-called process colors mentioned above; instead, she herself determines the amount and kind of colors to be used, and the form of the individual proof. The design work for this individual procedure is not necessarily based on manual processes, since the printing plates can be made in any way imaginable, including, for instance, on the computer. But what mainly makes the design work interesting are the intervention possibilities that can take place during each phase of the production process. The designer has to take into account from the very beginning which printing process she will use to reproduce her work, because each technique, whether offset or silk-screen, to name only two examples, has different possibilities or limitations.

In both examples presented here, the design process begins with detailed graphic nature studies. Without paying attention to technical printing limitations, formal characteristics are sought. It is then that the reduction and compression work begins. First, it is decided – in both examples – that the interpretation should utilize a flat formal language, as is typical for silk-screening, and the number of colors is determined. The designer is now confronted with a series of limitations that arise as the work continues and is challenged, within these technical and design conditions, to find the strongest solution possible for expression. The two examples, tree and plant motifs, automatically develop pictorial ideas in the direction of simplicity, clarity and signification.

219–223: Eine Skizzenreihe, mit der eine Form- und Farbreduktion vorbereitet wird. Ziel ist es, einen komplizierten Abbildungsgegenstand mit nur vier Farbwerten zu reproduzieren. Die Entwürfe dienen der Entwicklung einer formalen Konzeption. Aus der Vielzahl von Aspekten, die alle gleich wichtig oder auch gleich unwichtig waren, wird eine Komposition herausgearbeitet.

219–223: A series of sketches prepared for a form and color reduction. The goal is to reproduce a complicated diagrammatic object with only four chromatic values. The resulting pieces work towards the development of a formal conception. From a multitude of aspects, all of which were equally important or unimportant, a composition has been worked out.

Neben der Form ist auch die Farbe Trägerin der Reduktion. Und so wie eine formale Verdichtung zwangsläufig von einer naturalistischen Auffassung wegführen muss, kann auch die Farbe nicht mehr lediglich eine illustrative, beschreibende Funktion behalten, sondern muss sich ebenfalls wandeln und erhält wie die Form zeichenhaften Ausdruck. Die Entwürfe (ausgeführt im Siebdruck) sind Studien zu einer Arbeit über die Gefährdungen, denen Bäume in der Stadt ausgesetzt sind.

In addition to form, color is also a vehicle for reduction. And so, as formal compression must inevitably lead away from a naturalistic interpretation, color can also no longer maintain a solely illustrative or descriptive function. Like the form, it has to change and take on graphic expression. These silk-screened studies are part of a larger work on the dangers posed to trees in the city.

219 – 221: ca. 35 × 25 cm, Tempera / Tempera.
222 / 223: Patricia Cué, 55 × 40 cm, Siebdruck / Silkscreen prints.

224–227: Ein Entwicklungsprozess, der mit der Naturbeobachtung beginnt und über Form- und Farbreduktionen zu einer atmosphärischen Auflösung des Gegenstandes führt.

224–227: A process of development that begins with the observation of nature and leads through form and color reduction to an atmospheric dissolution of the object.

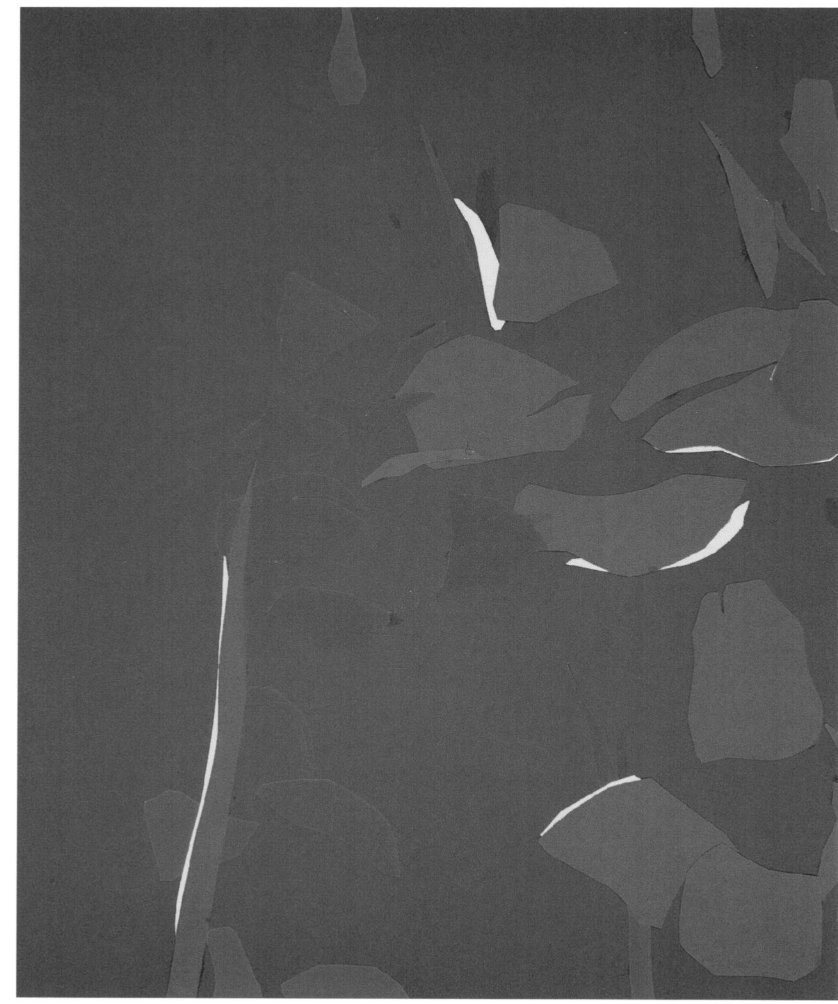

Es werden verschiedene Entwurfstechniken, Pinselskizzen, Collagen aus individuell eingefärbten Papieren und in einem späteren Stadium der Siebdruck angewendet. Mit ihrer Hilfe wird eine illustrative Gegenständlichkeit überwunden und eine Formensprache entwickelt, die die Objekte umkreist, ohne sie direkt zu benennen. Die Entwurfsreihe dient der Erarbeitung eines Plakatentwurfs für ein Blumengeschäft.

Utilized here are various design techniques, brush sketches and collages made from individually colored paper and in later stages of silk-screening. From them, an illustrative realism has been overcome and a formal language developed which circles around the object without directly naming it.
The series was used in the elaboration of a poster design for a florist.

224–227: Stephanie Haldimann.

Festhalten und loslassen

Holding On and Letting Go

Kurs: Aktzeichnen
Course: Drawing, Nudes

Lehrer / Instructor:
Peter Stettler

Fachbereich:
Fachklasse für Grafik
Department:
Graphic Design (Undergraduate)

Seiten / Pages: 230 – 235

Kurs: Zeichnen
Course: Drawing

Lehrer / Instructor:
Peter Olpe

Fachbereich:
Fachklasse für Grafik
Department:
Graphic Design (Undergraduate)

Seiten / Pages: 236 – 241

Nicht zufällig sind Zeichnungen der menschlichen Figur im letzten Abschnitt zusammengefasst. Die Darstellung des Menschen galt seit der Renaissance als das anspruchsvollste Thema, mit dem sich der Zeichner beschäftigen konnte. Und früher hatten die Akademien unter diesem Gesichtspunkt ihre Lehrpläne und Ateliers organisiert. Vom Einfacheren zum Komplexeren fortschreitend, hatte sich der Zeichner in seinem Können zu beweisen, bis er am unbekleideten Menschen zeigen durfte, wie weit sich seine Meisterschaft entwickelt hatte. An der Basler Schule wurde diese Idee in einem Kurs in den Grundzügen nie ganz fallengelassen. Wenn sie auch heute nicht mehr mit der altväterlichen Konsequenz durchgehalten wird, so wird doch in der Fachklasse für Grafik über die vier Ausbildungsjahre hinweg dieser langsame, linear aufbauende Bildungsweg verfolgt. Dabei stützt man sich auf den Vorkurs ab, der die allerersten Grundlagen etwa für die Raumdarstellung gelegt hat, denn natürlich zielt diese Schulung auf eine «richtige» Darstellung der menschlichen Figur, gebaut und gesichert in den Regeln der Zentralperspektive.

Interessant wird es nun, wenn man diesen traditionellen Weg mit der Absicht beschreitet, eine zeichnerische Verdichtung zu erreichen. Und wenn am Ende nicht eine Detailbesessenheit und ein sich in Korrektheit erschöpfender Realismus steht, sondern der Versuch unternommen wird, etwas formal Starkes und Besonderes über die visuelle Erscheinung der menschlichen Figur auszusagen. Zeichnungen, die vor diesem Hintergrund und mit der Kompetenz einer mehrjährigen Erfahrung im Formulieren und Verdichten entstehen, können von besonderer Kraft und Eindringlichkeit sein. Die erste Gruppe von Arbeiten dokumentiert diesen Weg.

Die zweite Gruppe zeigt Spuren einer anderen Vorgehensweise. Auch hier wird auf Reduktion und Typisierung gezielt, die über den besonderen Einzelfall hinausweisen will. Die zeichnerische Darstellung lässt aber keinen Ehrgeiz im Hinblick auf die Korrrektheit der Proportion und der Raumdarstellung erkennen. Nicht die direkte Beobachtung liegt ihr zugrunde, sondern der thematische Vorsatz «Mann und Frau». Intuitiv wird nach Formen gesucht, in heftiger, rascher Bewegung

It is no accident that drawings of the human figure have been compiled in the last section. Since the Renaissance, the depiction of humans has been considered the most demanding theme the draftsman could undertake. And, in earlier times, academies organized their teaching plans and workshops from this perspective. Advancing from simpler to more complex levels, the drawer had to prove his ability until he was permitted to demonstrate on unclothed human beings how far his mastery had developed. At the Basel School, the essential aspects of this idea have, in one course, never completely been abandoned. If it no longer arrives at the same conclusion the patriarchs did, still, this slow, linearly-constructed course of training is followed in the Graphic Design Class (Undergraduate) over the entire four years. Here, one is supported by the Foundation Program, which laid the very first foundations for the representation of space, because, of course, this training aims at a "correct" representation of the human figure, built and secured within the rules of vanishing-point perspective.

Now, what is interesting is when one follows this traditional path with the intention of arriving at a graphic compression, and when, by the end, one has avoided a state of obsession for detail and a realism exhausted by correctness, and has attempted instead to say something formally strong and special about the visual appearance of the human figure. Drawings built on this ground, and drawn with the competence that grows from experience in formulation and compression lasting over several years, can have a special power and penetration. The first group of works documents this path.

The second group demonstrates the tracks of another path. Here, too, the aim was to reduce and typify, which seeks to point away from the special isolated case. But the depiction does not attempt any correctness of proportion or spatial representation. What is important is not the direct observation, but the thematic intention of "Man and Woman". Forms are sought intuitively, in fast, vehement movements of the hand and arm. The drawings, or one could also say signs, emerge as the expression of a spontaneous action of drawing.

These two very different attitudes towards drawing – the coolly aloof structuring and weighing that emanates

der Hand und des Armes. Die Zeichnungen, oder man könnte auch sagen das Zeichen, entsteht als Ausdruck spontaner zeichnerischer Aktion.

Die beiden sehr unterschiedlichen Haltungen gegenüber der zeichnerischen Entwurfsarbeit, das kühl distanzierte Fügen und Abwägen, das in den Aktzeichnungen nach Modell zum Ausdruck kommt, und das spielerische, manchmal wilde Auflösen und Neukonstellieren von Formzusammenhängen, wie sie das figürliche Zeichnen aus der Vorstellung zeigt, sind nicht unversöhnliche Gegensätze, sondern produktiver Bodensatz, denn oft sind beide Haltungen in jeder Zeichnerin und in jedem Zeichner lebendig.

Man will sich messen, spüren und sehen, ob man das anspruchsvolle Thema «menschliche Figur» nach traditionellen Massstäben fassen kann, und gleichzeitig will man die Freiheit haben, sich nicht darum kümmern zu müssen, und nach anderen Prioritäten als den traditionellen seine Kriterien bestimmen.

from the nude drawings of a model, and the playful, sometimes wild disintegration and reformulation of formal connections as they demonstrate imaginative figure drawing – are not irreconcilable opposites but fertile sediment, since often both attitudes live within each individual drawer.

One seeks to measure, to track, and to see if the demanding theme of the "human figure" can be understood according to traditional standards, and at the same time, one wants the freedom to pay no heed to it, but to define one's criteria according to priorities other than the traditional.

230–235: Akt- und Figurenzeichnungen nach Modell: Der Zeichner sucht nach einer Lösung, die ihm einen möglichst direkten Zugriff auf die Form erlaubt. Dabei gibt das Zeichenwerkzeug gewisse Regeln vor. Hier ist die Linie das darstellerische Mittel. Sie fügt den Raum, schafft Überschneidungen, definiert «Vorne» und «Hinten».

230-235: Nude and other figure drawings from a model: the drawer searches for a solution that allows him the most direct grasp of the form. In this, the drawing tool sets certain rules. Line is the graphic medium. It structures space, creates intersections, defines "front" and "back".

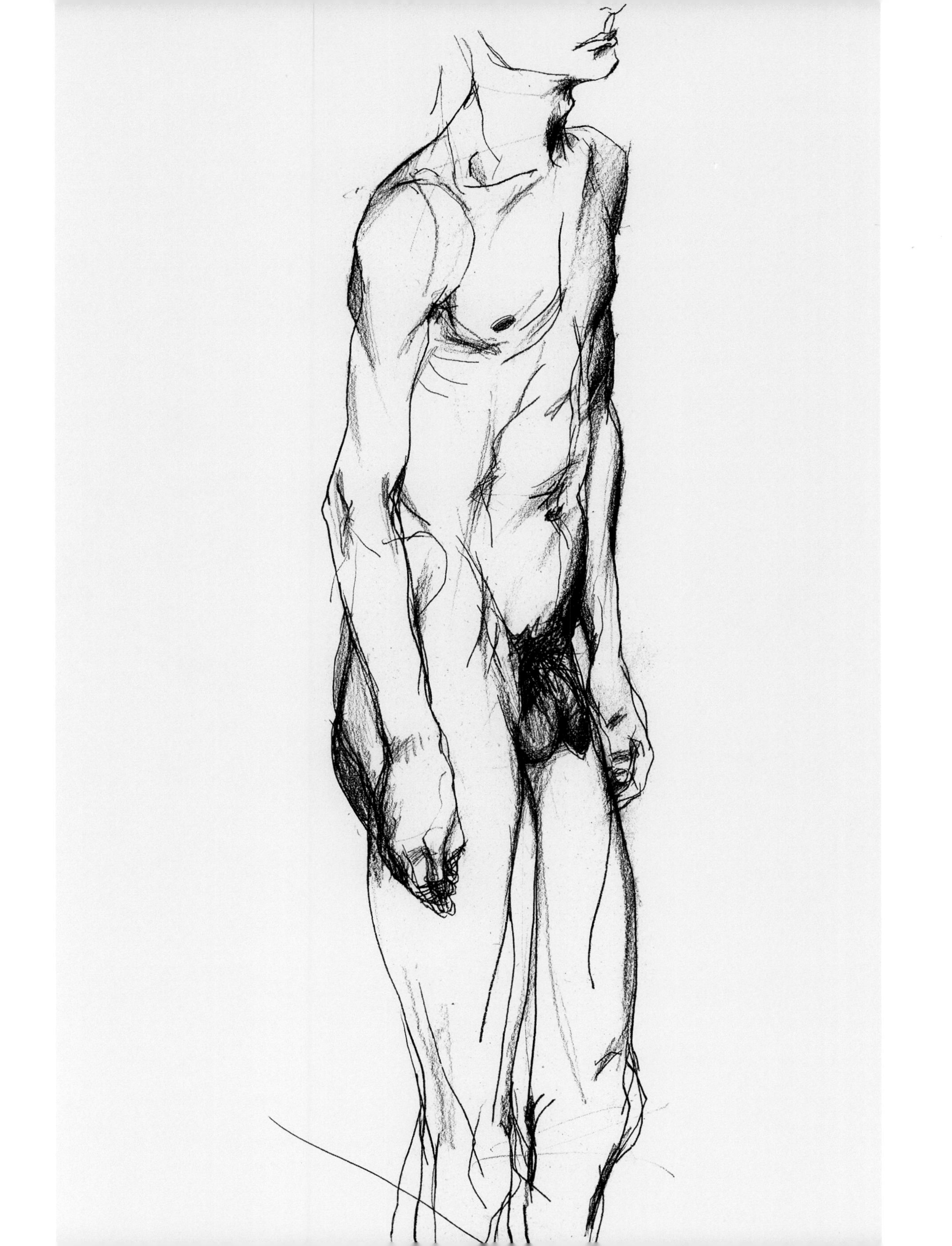

Stephan Liechti, 70 × 50 cm, Kohle, Holzkohle, Tusche / Charcoal, ink.

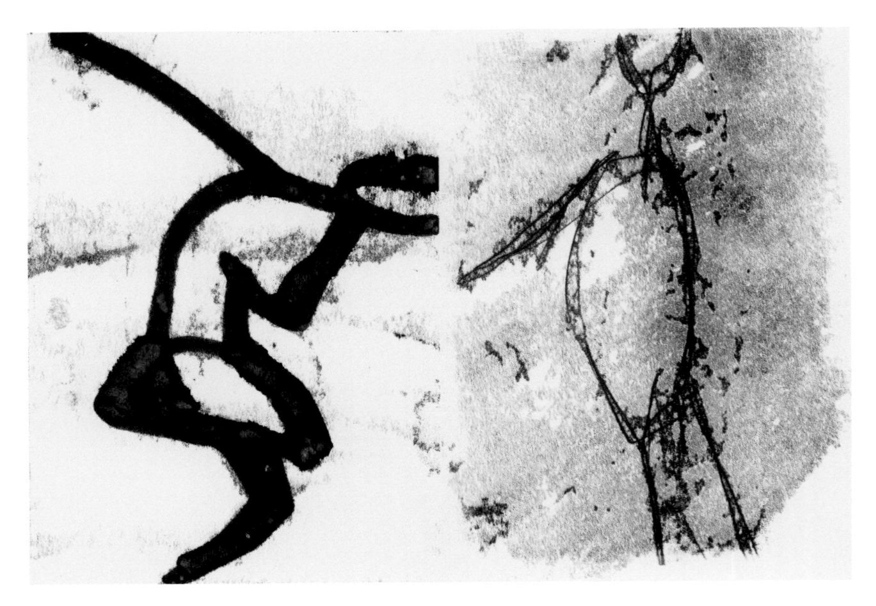

236–241: Der thematische Vorsatz zu dieser Serie lautet «Mann und Frau». Der Darstellungsvorgang ist extrem verkürzt und zu einem spontan gesetzten Zeichen reduziert.

236–241: The thematic intention for this series is "Man and Woman". The actual drawing process was shortened tremendously and reduced to a spontaneously captured figure.

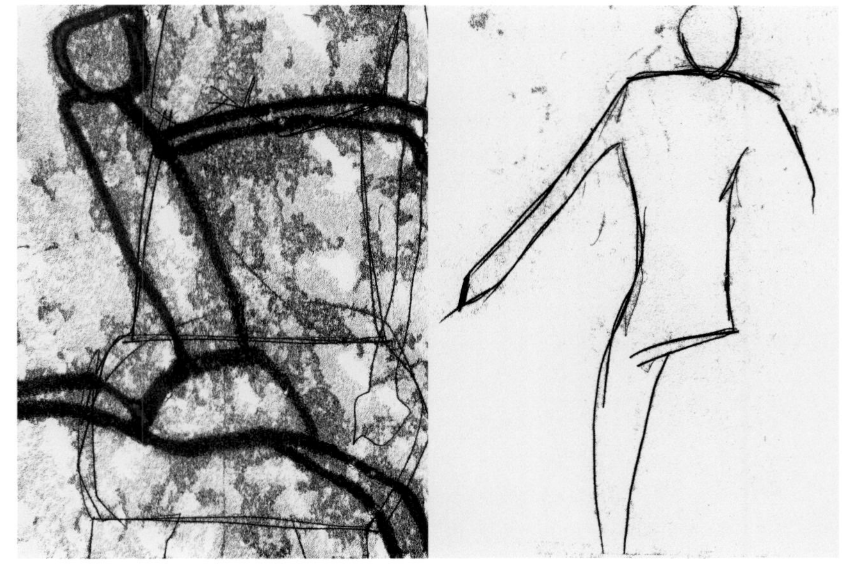

«Zeichnen wie ein Kind» und sich frei machen von den Regeln einer traditionellen, an der Raumdarstellung geschulten Form. Die Zeichnungen entstanden als Monotypien, einer rudimentären Drucktechnik, bei der immer nur ein einziger Abzug entsteht und die Spuren, die auf der Druckplatte (einer mit Druckfarbe eingewalzten Glasplatte) übrigbleiben, für den nächsten Entwurfs- und Druckvorgang weiterverwendet werden können.

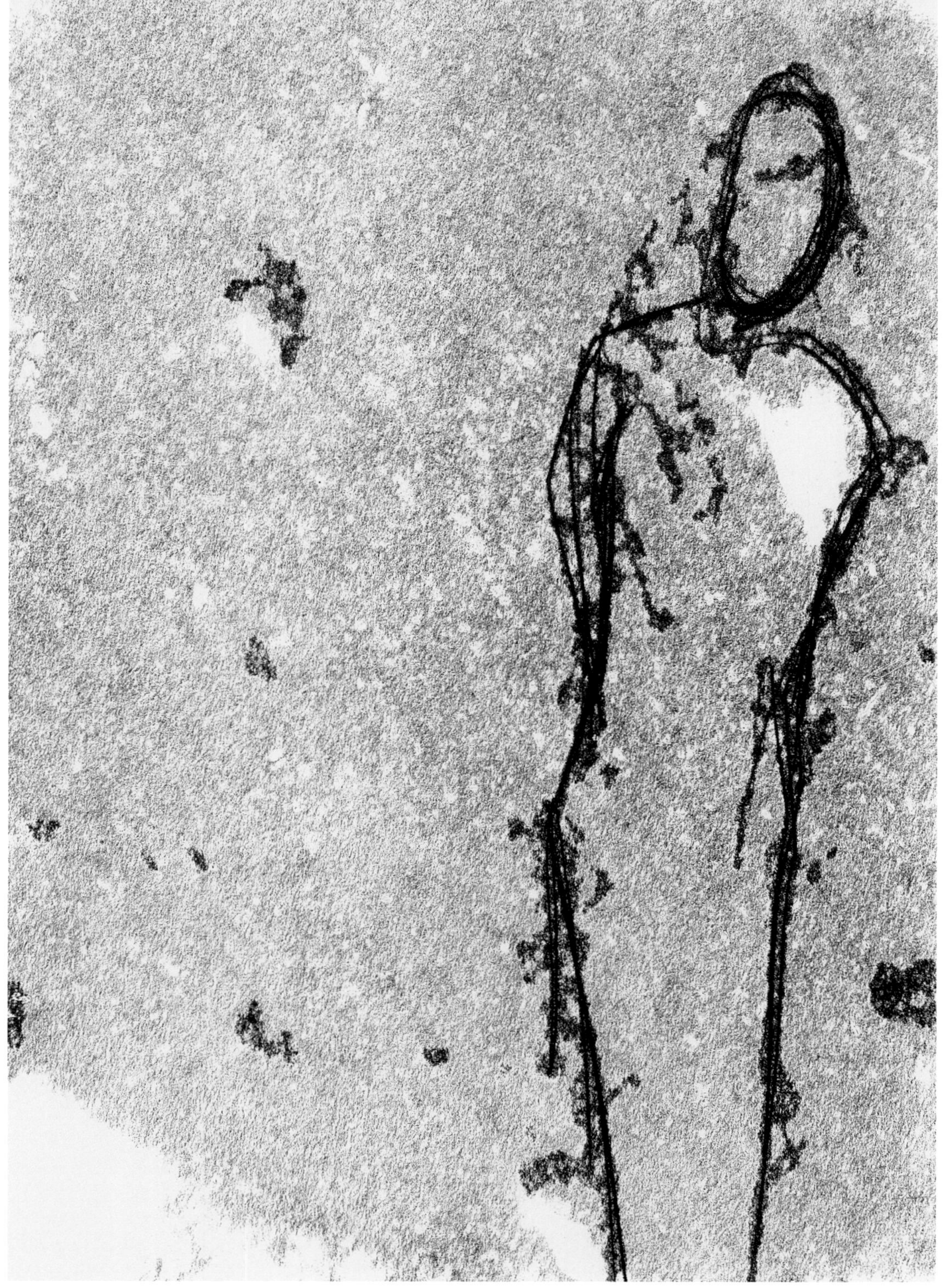

"Drawing like a child" and freeing oneself from the rules and regulations of a traditional form rooted in the training of spatial representation. These drawings are created as monotypes, a rudimentary printing technique which produces only one single print and in which the traces that remain on the printing plate (a glass plate on which printing ink is spread with a roller) can be used again for the next designing and printing process.

236 – 241: Alexa Früh, 42 × 30 cm.

Zeichnen an der Gestalterschule

Das Zeichnen ist elementarer gestalterischer Ausdruck und neben der Sprache möglicherweise eine der Urformen der Kommunikation. Man denke nur an die ältesten uns überlieferten Mitteilungen an den Wänden prähistorischer Höhlen, die in einer zeichnerischen Sprache formuliert sind, oder an unser Alphabet, das sich aus Bildern und Bildzeichen heraus entwickelt hat.

Die Gestalterin, die tastend, forschend nach Lösungsmöglichkeiten sucht, bedient sich oft zuerst der Zeichnung. Die ersten Striche auf dem Papier, mit denen sich Gedanken und vage Vorstellungen konkretisieren, sind auch die ersten Schritte, mit denen sich ein Projekt der Öffentlichkeit zeigt. Vorerst nur einer sehr privaten Öffentlichkeit, denn mit dem Wachsen und Verändern des Entwurfs reflektiert die Gestalterin die Tragfähigkeit ihrer Überlegungen, setzt sie der eigenen Kritik aus. Zeichnen ist deshalb zuallererst ein Selbstgespräch. Dabei schaffen die zeichnerischen Werkzeuge mit ihrem Widerstand eine erste Distanz zwischen dem, was man möchte, und dem, wie es sich zeigt und konkretisiert.

Schauen, Denken und Handeln sind die Begriffe, mit denen man in unterschiedlicher Reihenfolge in eine Kurzformel fassen könnte, was sich beim Zeichnen abspielt. Diese Wechselbeziehung muss die Gestalterschule, soweit dies möglich ist, durchschaubar und als kreativen Nährstoff nutzbar machen. Wohl in keiner anderen gestalterischen Disziplin sind diese Prozesse in einer derartigen Unmittelbarkeit und Gleichzeitigkeit aufzeigbar. Hier liegt auch der Grund dafür, weshalb das zeichnerische Entwerfen unabhängig von Zeitströmungen, denen Gestalterschulen in besonderem Mass ausgesetzt sind, seinen Stellenwert in den Lehrplänen behalten muss.

Überschaut man den Zeitraum von der Jahrhundertwende bis heute, so hat sich an der Basler Schule, wie an den meisten Gestalterschulen, die Bedeutung des Zeichnens stetig verändert. Es fällt auf, dass mit jedem technologischen Schritt, zum Beispiel in der Bildherstellung und -verarbeitung, das Zeichnen ein Stück seiner Bedeutung einbüsste. Am Beispiel des Berufs des Grafik Designers lässt sich nachvollziehen, wie diese «Königsdisziplin» langsam an den Rand gedrängt wur-

Drawing at the Design School

The drawing is an elementary pictorial expression and, next to language, possibly one of the original forms of communication. Think of the oldest messages formulated in a graphic language and passed down to us on the walls of prehistoric caves, or of our own alphabet, which developed from pictures and pictorial symbols.

The designer, who tentatively and inquiringly seeks solution possibilities, often makes use of the drawing first of all. The first stroke on the paper, as thoughts and vague ideas take shape, are also the project's first steps in revealing itself to the public. First, only a very private public, because with the drawing's growth and changes, the designer reflects the strength of her own thoughts and reveals her own criticisms. Because of this, drawing is first of all a dialogue with oneself, during which the resistance of the drawing tools create the first gap between what one would like to do and what actually presents itself and materializes.

Looking, thinking, and acting are terms that have been used in various series to indicate in shorthand what is going on in the drawing. The design school, whenever possible, must make this interrelation transparent and render it usable as food for creativity. Indeed, in no other design discipline do these processes become visible in such an immediate and simultaneous way. This is the reason graphic design must maintain its valued place in the curriculum, autonomous of the trends that are offered, particularly at design schools.

When one surveys the period from the turn of the century until today, one sees that at the Basel School, as at most design schools, the significance of drawing has steadily altered. It is apparent that, with each technological step in the production and processing of images, for example, the drawing has lost a bit of its significance. In the professional field of graphic design, it can be clearly seen how this "highest discipline" has been slowly pushed to the sidelines. The first turning point was marked by the advent of offset printing and, with that, the easy reproducibility of the photographic image. The visual language of advertising changed. The photographed poster took the place of hand-drawn or painted posters, which were lithographically duplicated. A graphic artist who could not draw would have been unthinkable at the time the lithographic process was used.

de. Die erste Zäsur brachte die Einführung des Offsetdruckes und damit die leichte Reproduzierbarkeit des fotografischen Bildes. Die visuelle Sprache der Werbung veränderte sich. Das Fotoplakat trat an die Stelle des handgezeichneten oder gemalten Plakatentwurfs, der lithografisch vervielfältigt wurde. Ein Grafiker, der nicht zeichnen konnte, wäre in der Zeit der Lithografie undenkbar gewesen. Die meisten Entwurfsarbeiten, dazu gehörte auch das Entwerfen von Schriften, wurden von Hand auf zeichnerischem Weg ausgeführt, und auch die Übertragung des Entwurfs auf die Druckvorlage war reine Handarbeit.

Heute dagegen ist die Grafik Designerin, die als Zeichnerin arbeitet, eine Seltenheit. Zwar hat der Computer eine eigenartige Spät- oder Scheinblüte des Zeichnens bewirkt, denn jetzt «können alle zeichnen», sofern sie das richtige Programm besitzen und es zu bedienen wissen. Aber an der Tatsache, dass die Handzeichnung nur noch als Rarität in der Praxis der Grafik Designerin vorkommt, ändert dies nichts.

Die Gestalterschulen haben unterschiedlich auf diese Veränderungen reagiert. Die meisten haben Schritt für Schritt den Zeichenunterricht abgebaut. Heute führt das Zeichnen eine Randexistenz und wird in gewichtigerem Umfang fast nur noch in den Vorbereitungskursen angeboten, oder es hat sich anwendungsorientiert auf Spezialgebiete zurückgezogen; auf die wissenschaftliche Illustration zum Beispiel, die Buchillustration oder die Karikatur.

Beschleunigt wurde der Abbau ferner durch die Neuorientierung der gestalterischen Ausbildung, weg von der weitgehend am Handwerk orientierten Kunstgewerbeschule, hin zu der eher von universitären Strukturen bestimmten Fachhochschule. In den USA etwa, die in dieser Entwicklung Europa vorausgegangen sind, ist die Ausbildung der Gestalter Sache der Universität. Grafik-, Textil- oder Produktdesigner, um nur drei Beispiele zu nennen, sind in besonderen Fakultäten an Universitäten angegliedert oder in Gestalterschulen zusammengefasst, die universitären Status besitzen. Der Anteil kopflastiger, theoriebetonter Fächer ist naturgemäss in diesem Umfeld sehr gross. Die gestalterische Arbeit wird als Problemlösung verstanden und eine hohe Effizienz ist selbstverständlich.

Versucht man eine Tendenz auszumachen, die sich in den Bildungsinhalten und methodischen Konzepten der schweizerischen Schulen in den letzten Jahren gezeigt hat, so fällt auf, dass der ursprünglich zentrale Block der Schulen, der handwerkliche gestalterische Unterricht, stetig errodiert ist. Dieses Kernstück «Lernen

Most of the design work, including the designing of lettering, was drawn by hand, and even the transfer of the design to the printing block was purely manual.

By contrast, a graphic designer who works as a draftsperson today is rare. True, the computer has effected a unique late blooming, or sham boom, of drawing, since now "everyone can draw", as long as they have the right program and know how to use it. But it does not alter the fact that drawing by hand is still a rarity in the practice of graphic design.

Design schools have responded to these changes in various ways. Most of them have dismantled their drawing instruction programs piece by piece. Today, drawing leads a marginal existence and is only offered in any substantial form in preliminary courses, or else it has withdrawn to special application-oriented areas, such as scientific illustration, for example, book illustration, or caricature.

The dissolution of the drawing curriculum has been further accelerated by the relocation of design training courses from the arts and crafts schools, with their considerable focus on handicraft, to the professional and technical colleges, with their rather university-defined structures. In the USA, which precedes Europe somewhat in this development, the education of the designer is a matter for the university. Graphic, textile and product designers, to name only three examples, are organized into special departments at universities, or centralized in design schools that have university status. The proportion of top-heavy, theoretical subjects in this environment is naturally very large. Designing is seen as problem-solving, and a high-efficiency rate is a given.

If one tries to make out a trend in the content of educational programs and in the methodological concepts at Swiss schools in recent years, it becomes obvious that the original central core of the schools, the lessons in design craftsmanship, has steadily eroded. The principle of "learning by doing" has been replaced by a model that could be described as "planning and designing". The main difference between the two methods of approach is that "learning by doing" investigates the crux of the actual graphic work, the forms of the product, while "planning and designing" places the design work at the end of a long period of preparation, during which first the sense and the goal are defined, parameters are clarified, and the form of execution is determined. It is readily assumed that the second way, in contrast to the first, has something to do with thinking. This expresses a deep distrust of working methods that are in large measure not supported by theory. This skepticism is attributable, among other things, to the fact that today the designer often has to present her product with a great deal of argumentation in order to be taken seriously.

durch Machen» wurde ersetzt durch ein Modell, das man als «Planen und Gestalten» bezeichnen könnte. Hauptunterschied zwischen den beiden methodischen Ansätzen ist, dass «Lernen durch Machen» die eigentliche gestalterische Arbeit, das Formen des Produkts, zentral untersucht, während «Planen und Gestalten» die gestalterische Arbeit ans Ende einer langen Vorbereitungsphase stellt, in der zuerst Sinn und Zweck definiert, Randbedingungen abgeklärt und die Form der Ausführung bestimmt werden. Gerne wird unterstellt, dass der zweite Weg im Gegensatz zum ersten etwas mit Denken zu tun habe. Es äussert sich darin ein tiefes Misstrauen gegenüber Arbeitsmodellen, die nicht in grösserem Umfang von Theorie gestützt werden. Zurückzuführen ist diese Skepsis unter anderm auch darauf, dass Gestalter ihre Produkte heute oft mit grossem argumentativem Aufwand vertreten müssen, damit sie ernst genommen werden.

Die Formen, in denen heute die Arbeit organisiert ist, und die Instrumente, deren sich die Gestalterin bedient, begünstigen das «Planen und Gestalten». Die Frage, ob der Computer ein gestalterisches Instrument oder lediglich eine geniale elektronische Ausführungshilfe sei, berührt im Kern die gleiche Problematik. Tatsache ist, dass der Computer sich zwischen die Gestalterin und ihre Produkte stellt und gerade jene Bereiche der Handarbeit vernichtet, die das «Lernen durch Machen» instrumentieren. Man könnte glauben, die Gestalterin habe ihre Hände verloren, in der Wechselbeziehung zwischen Sehen, Denken und Handeln sei ein Kurzschluss eingetreten, so dass sie nun unendlich weit voneinander entfernt sind. Für die Gestalterschule wird es aber wichtig bleiben, das «Lernen durch Machen» zu fördern, denn es ist eine Grunderfahrung, dass Gestalten als Augen-, Kopf- und Handarbeit eine Einheit ist. Hier kann das Zeichnen einsetzen als Katalysator für visuelles Erfinden. In diesem Sinne kann das Entwickeln von Zeichnungen und zeichnerischen Projekten Testgelände, Erlebnispark und Absturzstelle sein, ein Ort, an dem sich der Gestalter unmittelbar manifestiert und spürt.

The ways in which today's work is organized and the instruments the designer uses promote the principle of "planning and designing". The question of whether the computer is an instrument for design or only an inspired electronic support for the execution of work touches the at heart of the same problem. The fact is that the computer comes between the designer and her product, and eliminates exactly that area of manual work where "learning by doing" is instrumental. One would think the designer had lost her hands, that there had been a short circuit in the interrelation of seeing, thinking and acting, so that there is now an infinite distance between them. For the design school, however, it remains important to promote "learning by doing", because it is a fundamental experience that designing is a unity of eye, brain and hand. Here, drawing can operate as a catalyst for visual discovery. In this sense, the development of drawings and drawing projects are at once testing ground, adventure park and crash site – a place where the designer manifests and perceives herself firsthand.

Bildnachweis
Pictures

Altmann Christian	134 / 135
von Arx Angelika	108 – 115
von Arx Peter	41 – 45
Bachmann Boris	164 / 165
Balint Georgina	126 / 127
Baumann Sonja	112 / 113
Besmer Ruedi	31 – 33
Blok Sylvan	214 – 217
Bollin Mario	48 – 55
Borer Claude	62 / 63
Burkard Olga	22, 70, 201 – 203
Calderon Maria Eugenia	155 – 157
Comby Muriel	57 – 59
Craig-Teerlink Jean	22, 71
Cué Patricia	18, 168 / 169, 219 – 223
Diethelm Marianne	30 – 39
Eisenmann Leander	82 / 83
Felix Léonard	192 – 195
Fazlic Rodrigues Regina	22, 170 / 171
Früh Alexa	236 – 241
Funderwhite Dorothy	152 / 153, 210 – 213
Geisler Birgit	46 / 47
Hägeli Claudia	114 / 115
Haldimann Stephanie	224 – 227
Heeb Rebecca	196 – 199
Hildbrand Andrea	56, 117 – 119
Hoffmann Sandra	148 – 151
Hofmann Dorothea	9 – 11
Hunziker Stefan	138 – 141
Jerman Mara	85 – 89
Kaburaki Yukie	172 / 173
Kachmann Jaqueline	69
Kaske Jürgen	15
Kiefer Nathalie,	120 – 123
Kokkinolambos Demetris	74 / 75
Liechti Stephan	230 – 235
Lichtin Marianne	64 / 65, 162 / 163, 166 / 167,
	184 / 185
Lutz Thomas	102 – 105
Maier Manfred	56 – 65
Mayer Oliver	91 – 95
Mayer Sabine	128 / 129
Ming Franziska	34 / 35
Neeser Thomas	97 – 101
Olivier Catherine	36 / 37
Olpe Peter	46 / 47, 69 – 83, 90 – 95, 116 – 141,
	143 – 147, 155 – 161, 168 – 173,
	186 – 191, 219 – 223, 236 – 241
Pearson Adrienne	201, 204 – 209
Phillips Cindy	77
Pola Paolo	192 – 199
Redwanz Corinna	130 / 131
Rembges Astrid	136 / 137
Renner Michael	148 – 151, 210 – 217
Ritter Marco	54 / 55
Saumer Stefan	78 – 81
Scanu Walter	124 / 125, 177 – 183
Schmidt Katharina Miriam	72 / 73
Schmutz Igor	13
Schneider Ellen	38 / 39
Séguin Roger	143 – 147
Sellers Douglas	158, 186 – 191
Siegenthaler Christian	14
Stettler Peter	162 / 163, 166 / 167, 230 – 235
Theiler Daniela	60 / 61
Trillidou Maria	76
Voïta Bernard	18, 52 / 53
Weber Andreas	109 – 111
Weickhardt Patricia	132 / 133
Weingart Wolfgang	84 – 89, 201 – 209
Zwimpfer Moritz	96 – 105, 152 / 153, 164 / 165
	177 – 185, 224 – 227

Die Herausgabe dieses Buches ist durch einen Beitrag der *Gesellschaft für das Gute und Gemeinnützige Basel* ermöglicht worden. Mit ihrem Engagement möchte die GGG daran erinnern, dass aus der Zeichenschule, die sie 1796 in Basel gründete, die heutige Schule für Gestaltung hervorgegangen ist.

Publication of this book was made possible through a contribution by the *Gesellschaft für das Gute und Gemeinnützige Basel,* commemorating the growth of today's School of Design from the drawing school that the GGG founded in Basel in 1796.

Allen meinen Kolleginnen und Kollegen, die mir vorbehaltlos die Arbeiten aus ihren Kursen zur Verfügung gestellt haben, gilt mein herzlicher Dank, besonders aber Wolfgang Weingart, der mir zusätzlich mit Ratschlägen bei der typografischen Feinstruktur behilflich war, und Andrea Bussiek, die das Wachsen dieses Projektes mit nie erlahmender Unterstützung kritisch begleitete.

My sincere thanks go to all of my colleagues who, without reservation, made drawings from their classes available to me. Special thanks, however, go to Wolfgang Weingart, who additionally advised me concerning typographical microstructure, and to Andrea Bussiek, who offered inexhaustible critical support to this project.

Der Autor Peter Olpe ist Grafiker und unterrichtet seit 30 Jahren an der Schule für Gestaltung Basel. Im Fachbereich der visuellen Kommunikation beschäftigt er sich in seinen Kursen mit den Grundlagen zeichnerischer Entwurfsarbeit. Er war bis 1999 Leiter der Weiterbildungsklasse für Grafik. Vorträge und Lehrtätigkeit führten ihn unter anderem an die Rhode Island School of Design, USA, und an die Universidad Anahuac, México D.F.
Seit 2001 ist er Leiter der Abteilung Grundausbildung und Öffentliche Kurse und des Vorkurses an der SfG Basel.

The author Peter Olpe is a graphic designer who has been teaching at the Basel School of Design for Design for 30 years. His classes in the field of Visual Communication deal with the fundamentals of graphic design work. Until 1999 he directed the Advanced Class for Graphic Design, and had as well teaching posts at the Rhode Island School for Design and the Universidad Anahuac, Mexico.
Since 2001 he is Director of the Departments for Basic Education, Public and Preparatory Courses at the Basel School of Design.

Frontseite / Front: Catherine Olivier, 50 × 70 cm, Bleistift / Pencil.
Rückseite / Back: Olga Burkard, Apple Macintosh, McPaint.